Rudolf Scharping
Wir dürfen nicht wegsehen

Rudolf Scharping

Wir dürfen nicht wegsehen

Der Kosovo-Krieg und Europa

ULLSTEIN

BERLIN

ISBN 3-550-07106-x

Inhalt

Anmerkungen des Verlags

Die kursiv gesetzten Passagen sind Übertragungen aus den persönlichen Aufzeichnungen von Rudolf Scharping. In diesen Textteilen wurden nur Änderungen vorgenommen bzw. Ergänzungen gemacht, sofern sie für Verständlichkeit und Textfluß notwendig waren.

Im Buch wird in der Regel die serbische und nicht die albanische Schreibweise verwendet: Ein Zugeständnis an den Umstand, daß die serbische Schreibweise – auch in der deutschen Presse – weiter verbreitet und den Lesern geläufiger ist.

Wenn wir es nicht schaffen, der Moral die politischen Instrumente zu geben und der Politik die Moral, dann haben wir genau jene Teilung, vor der ich persönlich Angst habe. Dann wird nämlich die Reklamation der Moral folgenlos. Dann gerät die Politik zur kalten Technokratie.

Rudolf Scharping in einer Rede
vor dem Deutschen Bundestag, 19. April 1999

Der erste Tag der Luftangriffe auf Jugoslawien

24. MÄRZ 1999

19.00 Uhr – Die Luftangriffe gegen das jugoslawische Militär, gegen die verbrecherische Regierung und Politik Miloševićs haben begonnen.
Warten. Große Anspannung, aber innerlich ruhig. Ich mache mir Sorgen: Kommen die Piloten sicher zurück? Haben wir wirklich alle Möglichkeiten ausgeschöpft? Halten wir das durch in der Nato, in Europa? Erreichen wir unsere politischen Ziele? Was wird aus den Menschen im Kosovo, was aus den eingesetzten Soldaten?

Der Tag war eigentlich normal verlaufen: Sitzungen im Verteidigungs- und im Auswärtigen Ausschuß, danach Verabschiedungen und Beförderungen von Generalen, Gespräche über die künftige Kommission »Gemeinsame Sicherheit und Zukunft der Bundeswehr«, dann Treffen mit führenden Vertretern wichtiger Unternehmen, mit denen ich eine Zusammenarbeit anstrebe. Dazwischen allerdings immer wieder Telefonate: Wie entwickelt sich die Lage? Was geschieht auf dem Europäischen Gipfel in Berlin? Gibt es irgendein Zeichen des Einlenkens aus Belgrad, irgendeine Reaktion von Milošević? Können wir die militärischen Maßnahmen noch stoppen?

Für 22.00 Uhr haben meine Mitarbeiter eine Presseunterrichtung geplant. Die Anspannung wächst. Nachdenken. Grübeln. Aber ich bin mir sicher: Alle politischen Möglichkeiten sind ausgeschöpft; den Weg zurück zu einer friedlichen Politik finden wir erst nach massiven militärischen Maßnahmen. Der Fernseher läuft, meistens CNN.

Der EU-Gipfel hatte eine »letzte scharfe Warnung« an Milošević gerichtet: »An der Schwelle zum 21. Jahrhundert darf Europa eine humanitäre Katastrophe nicht tolerieren. (...) Aggression darf sich nicht lohnen. Ein Aggressor muß wissen, daß er einen hohen Preis bezahlen muß. Das ist die Lehre des 20. Jahrhunderts.«

Richard Holbrookes letzter Versuch, am 22. und 23. März in Belgrad mit Milošević zu verhandeln, war so ergebnislos geblieben wie alle anderen Versuche zuvor. Daraufhin hatte der Nato-Rat den Nato-Generalsekretär angewiesen, abgestufte Luftoperationen gegen Jugoslawien durchzuführen. Wann die Luftangriffe beginnen würden, mußte offenbleiben, durfte jedenfalls nicht öffentlich werden. Das ohnehin große Risiko für die eingesetzten Soldaten hätte sich sonst nochmals erhöht. Also hatte ich am Vorabend des 24. März in den *ARD-Tagesthemen* gesagt, das politische Ziel sei unverändert, die Spirale der Gewalt zu durchbrechen und eine humanitäre Katastrophe zu verhindern. Über den (wahrscheinlichen) Beginn der Luftangriffe sagte ich nichts. Immer noch hätte die Nato für ein klares Signal aus Belgrad den Militärangriff aufgeschoben. Was aber Holbrooke, den ich seit meiner Zeit als Ministerpräsident – er war damals US-Botschafter in Deutschland – gut kannte, von seinem Besuch in Belgrad zu berichten hatte, war hoffnungslos: Milošević hatte sich eingebunkert, in jeder Hinsicht.

Schon früher hatte Außenminister Joschka Fischer von den zynischen Sprüchen berichtet, die er sich hatte anhören müssen: »One village a day keeps Nato away.« – »Wenn wir jeden Tag ein Dorf im Kosovo ausradieren, dann wird die Nato nicht eingreifen.« Oder: »Der entscheidende Unterschied ist: Ich (Milošević) kann über Leichen gehen, ihr (die westlichen Staaten) könnt das nicht.«

Knappe Gespräche unterbrachen an diesem Abend das angespannte Warten im Verteidigungsministerium. Ich hatte Anweisung gegeben, mich aus dem Führungszentrum per Telefon auf dem laufenden zu halten, mir vor allem sofort Nachricht zu geben, sobald etwas über den Verlauf der Angriffe und das Schicksal unserer Tornado-Piloten bekannt würde.

Zwischendurch – nach 22.00 Uhr – verneine ich einige Male die Fragen meiner Mitarbeiter, ob ich jetzt zu den wartenden Journalisten gehen wolle; ich will mich erst äußern, wenn ich sichere Informationen habe. 23.00 Uhr – die erleichternde Nachricht ist da: Alle Tornados haben sicher das Einsatzgebiet verlassen. Ich will die Landung abwarten, mit dem Kommodore in Piacenza telefonieren, den Kanzler in Berlin informieren, dann die Presse. Unmittelbar davor: heller Zorn, als die Fernsehmeldungen kommen, ein Tornado sei abgeschossen. Verdammt, wie kann man sich ausschließlich auf jugoslawische Quellen stützen?

Nach diesem ersten Wutausbruch wurde mir klar, daß die nächsten Wochen auch eine Auseinandersetzung um die öffentliche Meinung bringen würden. An der täglichen »Führungslage« zur Erörterung der politischen und militärischen Situation würde auch das Außenministerium beteiligt sein müssen, um unsere regierungsinterne Koordination so eng wie möglich zu gestalten – und jeden Tag wäre jeweils nach der Pressekonferenz der Nato eine Presse-Unterrichtung auf der Hardthöhe notwendig und sinnvoll.

23.35 Uhr – Zum Moltke-Saal auf der Hardthöhe (hier sollten über Wochen hinweg die täglichen Presse-Unterrichtungen des Verteidigungsministeriums stattfinden); sehr kurze Bemerkungen gemacht. Fragen beantwortet.

»1. Alle vier aus der Bundesrepublik Deutschland in dieser Nacht eingesetzten Maschinen sind glücklich wieder in Piacenza angekommen. 2. Es gibt keine Bestätigung dafür, daß eine andere Maschine abgeschossen worden sei. Das ist der Stand von 23.40 Uhr. Im übrigen, Sie wissen, daß der ganze Einsatz dazu dient, eine humanitäre Katastrophe zu vermeiden. Angesichts der enormen Belastung, die für die Soldaten und natürlich auch für ihre Familienangehörigen in jeder Hinsicht mit einem solchen Einsatz verbunden ist, wäre ich ganz dankbar, nachdem ich da jetzt so einiges im Fernsehen gesehen habe, wenn harte Information jeder spekulativen Erörterung vorausginge.«

Nach diesen Eingangsbemerkungen beantwortete ich Fragen zu der Wirksamkeit der Angriffe, zu Zielen in Montenegro (das sich aus dem Krieg heraushalten wollte; aber es gab dort Stellungen des jugoslawischen

Militärs), Fragen zur politischen Einschätzung, zur Reaktion Moskaus. Antwort: »Wir haben damit gerechnet, daß es eine in den Worten klare und zu Teilen auch sehr harte Reaktion aus Moskau geben wird. Es bleibt bei unserer Linie, daß wir einen unveränderten Willen zur Kooperation mit Rußland haben. Und (…) daß auf mittlere Sicht sich dieser Gedanke der Kooperation im Interesse gemeinsamer Sicherheit in Europa auch durchsetzen wird.«

Ernst, müde, aber irgendwie völlig wach und konzentriert zurück ins Büro. Gespräche mit engen Mitarbeitern; dazwischen ein wütendes, lautstarkes Telefonat mit der Hamburger ARD-Redaktion wegen der »Meldung« über den angeblich abgeschossenen Tornado.

Nach Mitternacht war ich in mein Bonner Appartement gefahren. Ich machte mir Notizen, war zu angespannt, um gleich schlafen zu können. Lange Zeit wollte ich mir nicht vorstellen, daß der »gewaltige, unterirdische und unsichtbare Haß« sich in Europa noch einmal in einem »Gewitter des Hasses« (Ivo Andrić) entladen könnte. Doch genau das geschah jetzt im Kosovo, auf dem Balkan, in einem Teil Europas.

Über Miloševićs Machtpolitik
auf dem Balkan

»Ich komme gleich zur Sache. Bosnien ist ein wundervolles, interessantes und keineswegs gewöhnliches Land, sowohl was seine Natur als auch seine Menschen angeht. Und wie sich in Bosnien unter der Erde Bodenschätze finden, verbirgt auch der bosnische Mensch zweifellos in sich große moralische Werte, die man bei seinen Landsleuten in anderen jugoslawischen Gebieten seltener antrifft. Aber siehst du, es gibt etwas, was die Menschen in Bosnien, wenigstens die deiner Art, hätten einsehen und nicht hätten außer acht lassen dürfen: Bosnien ist ein Land des Hasses und der Angst. (…) Es ist ein Haß, (…) der als eigenständige Kraft hervortritt und seinen Zweck in sich selbst hat. Ein Haß, der einen Menschen gegen den anderen treibt und dann beide gleichermaßen in Elend und Unglück stürzt oder beide Gegner unter die Erde bringt; (…) er ist einfach ein Werkzeug des Triebes zur Vernichtung oder zur Selbstvernichtung, der nur als solcher besteht und nur so lange, bis er seine Aufgabe, die völlige Vernichtung, vollbracht hat.«

Immer wieder hatte ich Ivo Andrić gelesen. Auf ihn hatte mich noch einmal Staatssekretär Walther Stützle aufmerksam gemacht. Andrićs Text, sein *Brief aus dem Jahr 1920* könnte auch heißen »Brief aus dem Jahr 1992«. Eine erschreckende Prophetie, die mich sehr nachdenklich machte, denn in diesem Jahr hatte der Krieg in Bosnien begonnen. Ich wollte und konnte mir damals nicht vorstellen, daß der jahrzehntealte Text dieses Nobelpreisträgers für Literatur, des Autors der *Brücke über die Drina*, jemals so beklemmend aktuell sein würde. Aber hätten wir nicht alle eines Schlechteren belehrt sein müssen?

1991 hatten zuerst Slowenien und Kroatien, dann Makedonien und Bosnien-Herzegowina ihre Unabhängigkeit erklärt. Unmittelbar danach begannen die kriegerischen Auseinandersetzungen auf dem Balkan, Kriege um Macht und Vorherrschaft, Erbfolgekriege, die zugleich ethnische Vertreibungskriege waren. »Jedesmal wird bald wegen ihrer Religion, bald wegen ihrer Hautfarbe, ihrer Rasse, ihrer Herkunft, ihres sozialen Ideals, ihrer Weltanschauung eine kleinere und schwächere Gruppe von der stärkeren zur Entladung der im Menschlichen latenten Vernichtungsenergien erlesen; die Parolen, die Anlässe wechseln, aber immer bleibt die Methode der Verleumdung, der Verachtung, der Vernichtung dieselbe«, las ich später bei Stefan Zweig, als ich eine Rede zum 55. Jahrestag des 20. Juli 1944 vorbereitete.

Krieg habe ich persönlich nicht erlebt. Aufgewachsen im Deutschland der Nachkriegszeit, früh politisch und bald auch europäisch engagiert, hatte ich überwunden geglaubt, was unseren Kontinent in zwei so blutige Katastrophen gestürzt und während der beiden Weltkriege

17

Millionen Menschen das Leben gekostet hatte. Hatten wir, hatten die Europäer daraus nicht gelernt? War denn nicht in den siebziger Jahren der Übergang von den Militärdiktaturen in Griechenland, Spanien und Portugal hin zur Demokratie friedlich gelungen? Hatte nicht Europa seine Kraft zu friedlicher und friedenssichernder Integration bewiesen, wirtschaftliche Interessen, kulturelle Vielfalt und demokratische Werte bündelnd? Erweiterte sich nicht der Raum, in dem die Völker – belehrt durch schreckliche Erfahrungen und manchen Rückschlag, mancher Kleinkariertheit zum Trotz – zusammenwuchsen und das westliche Europa zu einem einzigartigen Beispiel politischen Lernens machten? War nicht im mittleren und östlichen Europa ein ganzer Militär- und Machtblock friedlich aufgelöst worden; nicht zu vergessen die deutsche Einheit? Schienen nicht haßerfüllte Fremdenfeindlichkeit im eigenen Land oder gewalttäti_ger Fanatismus, hier oder andernorts, terroristischer Separatismus wie in Nordirland oder im Baskenland als verabscheuungswürdige Einzelerscheinungen aus gestriger Zeit?

In politischen Reden und Diskussionen hatte ich zwar davon gesprochen, daß Freiheit, Demokratie und Frieden weder selbstverständlich noch sicher, weder granitenes Fundament noch voraussetzungsloser Besitz seien – im Gegenteil. Hier und da hatte ich an Walter Benjamin erinnert, der sich auf der Flucht vor den Nazis umgebracht und zuvor in einem ebenso nachdrücklichen wie zarten Bild von der Humanität gesprochen hatte, und daß es mit ihr so gehe wie mit den Engeln, die ihre Existenz verlören, kaum daß sie zu singen aufhörten. Aber das war mir eher mahnender Hinweis darauf, daß jede Demokratie vertrocknen könnte ohne dauerhaftes Engagement, ohne Begeisterung und ohne verantwortungsbewußten Umgang oder wenigstens Gespür für ihre geschichtlichen Voraussetzungen und Kämpfe.

»Gerade wenn Freiheit schon als Gewöhnung und nicht mehr als heiligster Besitz empfunden wird, entwächst aus dem Dunkel der Triebwelt ein geheimnisvoller Wille, sie zu vergewaltigen; immer, wenn zu lange und zu sorglos sich die Menschheit des Friedens gefreut, überkommt sie die gefährliche Neugier nach dem Rausche der Kraft und die verbrecherische Lust nach dem Kriege.« Was Stefan Zweig 1936 in *Castellio gegen Calvin oder Ein Gewissen gegen die Gewalt* geschrieben hatte, sollte uns im westlichen Europa mahnen. Im südöstlichen Europa, auf dem Balkan, gibt es ja fast keine Erfahrung mit friedlichem Ausgleich von Interessen, mit ziviler Lösung von Konflikten, mit Rechtsstaatlichkeit und Demokratie. Statt dessen gibt es jahrhundertelange Erfahrung mit Krieg, Terror, Mord und Vertreibung.

Am 23. März 1989 beschloß das serbische Parlament, die in der Verfassung garantierte Autonomie des Kosovo aufzuheben. Am 28. Juni des gleichen Jahres waren über eine Million Serben versammelt, um auf dem Amselfeld im Kosovo des 600. Jahrestags jener Schlacht zu gedenken, die im Denken und Fühlen der Serben identitätsstiftende, fast mystische Bedeutung hat: vom dauernden Opfer, von der schweren Niederlage der (orthodoxen) Christenheit gegen die (osmanischen) Muslime und vom schließlich doch zu erringenden Sieg. An diesem Tag sprach Milošević von »Groß-Serbien« und davon, daß dieses Land ein ethnisch reines sein solle. Mag sein, daß er schon früh wußte, daß sich die kommunistische Ideologie verschlissen hatte und daß der eigene Machtgewinn und Machterhalt eine neue, diesmal nationalistische Ideologie brauchte. Auf deren Grundlage jedenfalls verfolgte Milošević eine aggressive Politik, die ökonomische und demokratische Reformen verweigerte und Rest-Jugoslawien immer stärker isolierte und ruinierte.

Erst später, neuerlich darüber nachdenkend, wie es zu diesem »Gewitter des Hasses« kommen konnte, las ich in den *Erinnerungen* von Willy Brandt: »Auf dem Balkan (...) werden nationale Minderheiten fortdauernd unterdrückt. Und in Jugoslawien schien, nach Titos Tod, die bundesstaatliche Verfassung noch einmal herausgefordert zu werden. Es lag und liegt in keinem vernünftigen europäischen Interesse, wenn die föderative Republik ernste Gefahr liefe auseinanderzufallen. Die Freunde jenes Landes, zu denen ich mich zähle, konnten nur raten, die erforderlichen ökonomischen und demokratischen Reformen nicht auf die lange Bank zu schieben; die intensive Teilnahme an fortgeschrittener europäischer Zusammenarbeit könnte manches erleichtern helfen.« Der von Brandt im Sommer 1989 formulierte Rat verhallte.

Unmittelbar nachdem Slowenien seine Unabhängigkeit erklärt hatte, begann Rest-Jugoslawien im Juni 1991 den Krieg gegen das kleine Land. Jener Krieg endete im Oktober 1991, der Krieg gegen Kroatien im Januar 1992, verbunden mit einer jedes Menschenrecht verhöhnenden Vertreibung der serbisch-stämmigen Bevölkerung aus der Krajina. Ende Februar 1992 begann ein Referendum über die Unabhängigkeit Bosnien-Herzegowinas. Wenige Stunden danach kam es zu ersten Gefechten in Sarajevo, bald darauf zu einer großangelegten Offensive der bosnischen Serben, dann zur Generalmobilmachung und immer rascheren Eskalation der Gewalt. Im September 1992 richteten die ungarische, die muslimische und die albanische Minderheit in Serbien (wegen der ethnischen Säuberungen, die schon im April 1992 begonnen hatten) einen Hilferuf an die Genfer Jugoslawien-Konferenz. Im Juli 1995 überrannten serbische Einheiten die UN-Schutzzonen in Bosnien-Herzegowina, die zwischenzeitlich eingerichtet worden waren. In Srebrenica, in Žepa und andernorts kam es zu Massenmorden; die »Blauhelm-Soldaten«, von den Vereinten Nationen lediglich zur Selbstverteidigung mandatiert, wurden einige Male angekettet und als ohnmächtige Zuschauer dieser Massenmorde gedemütigt. Am 28. August 1995 kamen im Zentrum vom Sarajevo 37 Menschen durch einen grausamen Artillerie-Angriff des serbischen Militärs ums Leben. Die Vereinten Nationen stellten endlich ein Ultimatum und verlangten den Abzug der schweren Waffen aus der dortigen Sperrzone. Dieser Abzug wurde mit Luftangriffen der Nato durchgesetzt. Am 14. September 1995 trat ein Waffenstillstand für Sarajevo, am 12. Oktober für ganz Bosnien-Herzegowina in Kraft. Am 1. November begann im amerikanischen Dayton jene Konferenz, die am 21. November mit der Paraphierung eines Friedensabkommens endete. Der Weltsicherheitsrat verabschiedete am 15. Dezember 1995 schließlich eine Resolution zur Überwachung und Durchsetzung dieses Dayton-Abkommens. Von 73 Resolutionen der Vereinten Nationen (und von 18 Waffenstillständen, siehe auch Anhang VI.) aus der Zeit von 1992 bis 1998 sollte dies die einzige internationale Entscheidung bleiben, die von der Regierung Milošević tatsächlich beachtet wurde – ausschließlich wegen ihrer militärischen Garantie.

Die Scheußlichkeiten der Massaker in Srebrenica, in Žepa und an vielen anderen Orten in Bosnien-Herzegowina, das Ringen um die Beendigung der Kriege gegen Slowenien, Kroatien und in Bosnien-Herzegowina, der Beschuß von Sarajevo, die schrecklichen Bilder von den zerfetzten und verstümmelten Toten, das Abkommen von Dayton und dessen Garantie und Durchsetzung mit Hilfe einer internationalen Friedenstruppe – das alles begleitet von heftigen Debatten in Deutschland und in meiner Partei –, ich kann nicht genau sagen, wann ich selbst umzudenken begann und mir klar wurde, daß gegenüber diktatorischer, menschenverachtender und letztlich verbrecherischer Politik der Einsatz militärischer Gewalt unausweichlich werden könnte.

Hierzulande und offensichtlich auch andernorts, auch mir persönlich, blieb jedenfalls zu wenig Aufmerksamkeit für die Entwicklung im Kosovo. Der brutal niedergeschlagene Streik der Bergarbeiter, später der Studentenprotest in Priština, die wachsende Gewalt, die Tatsache, daß albanisch-stämmigen Kindern nach Aufhebung der Autonomie des Kosovo eine angemessene Schulbildung verweigert wurde – all das hörte man. Und erkannte doch nicht, oder nicht genau genug, wie sich immer stärker der nächste Krieg anbahnte. Schon 1990 hatte es ein (von der Belgrader Regierung als illegal eingestuftes) Referendum für die Unabhängigkeit des Kosovo gegeben, und praktisch alle Kosovaren albanischer Abstammung (sie stellen etwa 90 Prozent der Bevölkerung der Provinz) hatten sich für diese Unabhängigkeit ausgesprochen. Die »Befreiungsarmee des Kosovo« (UÇK) verkörperte diesen Willen zur Unabhängigkeit leider mit wachsender Gewalt, eine Reaktion auf die immer stärker werdende Unterdrückung durch serbische Behörden, serbisches Militär und die serbische Spezialpolizei. Letztere besteht aus besonders brutalen und skrupellosen Einheiten, die mit Polizei unseres Verständnisses nichts gemein haben. Diese Einheiten begannen, Siedlungen und Dörfer zu zerstören und die Bewohner zu vertreiben – während die UÇK ihrerseits versuchte, das Kosovo zu beherrschen. Im Juni 1998 »kontrollierte« die UÇK etwa 40 Prozent des Kosovo; sie finanzierte ihre Bewaffnung aus Spenden der im europäischen Ausland lebenden Kosovaren und offenbar auch mit Geldern aus dem Drogenhandel. Eine internationale politische Unterstützung für das Ziel eines unabhängigen Kosovo gab (und gibt) es nicht. Wegen der wachsenden Gewalt flohen immer mehr Menschen: Bis zum September 1998 waren bis zu 300 000 Kosovaren vertrieben worden. Ein Drittel von ihnen war aus dem Kosovo geflüchtet, zwei Drittel blieben innerhalb des Kosovo, unter ihnen Zehntausende, die in den Wäldern hausten, unter Planen, auf Treckern oder Anhängern, in Schlammlöchern, ohne gesicherte Ernährung, ohne medizinische Versorgung und bedroht von Hunger, Krankheiten und Seuchen.

Am 23. September 1998 verlangten die Vereinten Nationen mit der UN-Resolution 1199 die sofortige Einstellung aller Feindseligkeiten, den Abzug der serbischen Spezialpolizei und die Aufnahme konstruktiver Gespräche zwischen den Konfliktparteien. Am 24. September 1998 richtete die Nato eine Warnung an die Führung der Bundesrepublik Jugoslawien und drohte Luftangriffe an, um eine humanitäre Katastrophe zu verhindern.

In dieser Zeit blieb undurchschaubar, welches Ziel Milošević verfolgte. Wollte er sich, wie manche mutmaßten, das Kosovo durch militärische Maßnahmen von außen »abringen« lassen, den Opfermythos mobilisieren und so seine eigene Macht festigen? Wollte er, auf Uneinigkeit und Handlungsunfähigkeit der internationalen Staatengemeinschaft spekulierend, seine Politik der ethnischen Vertreibung durchsetzen? Ging es ihm nur um die eigene Clique und deren Macht, Einfluß und Geld? War er der seelenlose Zyniker, hochintelligent, völlig skrupellos und kalt, als den viele seiner Gesprächspartner ihn schilderten? Oder verblieb ihm ein Rest Rationalität, auf den manche noch Hoffnung setzten, das Beispiel der Verhandlungen von Dayton und Miloševićs Einlenken in letzter Minute vor Augen? Was trieb, was treibt den Mann? Fragen über Fragen, aber keine Antworten.

Persönlich orientierte ich mich an dem, was Milošević schon bewiesen hatte: Daß er ein Mann ist, der den Willen hat, Krieg zu führen, und der Mord und Vertreibung als Mittel der Politik ansieht. Jemand, der ständig versucht, seine innenpolitischen und internationalen Kontrahenten zu spalten, und ein Politiker, der nur in letzter Minute und unter höchstem Druck nachgibt.

Mit Gerhard Schröder und Joschka Fischer war ich mir einig, daß alle Möglichkeiten ausgereizt werden müßten, um zu einer Vereinbarung zu kommen, die ein demokratisch geregeltes Zusammenleben von verschiedenen Volksgruppen im Kosovo ermöglichten – und daß man keiner Notwendigkeit ausweichen dürfte.

Die Zeit zwischen Herbst 1998 und März 1999 wurde so zu einer Zeit zwischen Hoffnung und Sorge, zwischen dem Ringen um einen politisch-friedlichen Weg und den Vorbereitungen auf das womöglich Unvermeidliche – das militärische Eingreifen.

Die ergebnislosen Bemühungen
um eine friedliche Lösung

9. OKTOBER 1998

Gerhard Schröder ist mit Joschka Fischer und Günter Verheugen in Washington. Nach den Gesprächen mit Bill Clinton ist mir – zunächst aus den Meldungen, später aus den persönlichen Erörterungen – klar, daß die Nato ohne Einlenken Belgrads ihre Drohung wahrmachen wird. Erinnerungen kommen hoch an Sarajevo: Die Drohung mit Luftangriffen, der sogenannte ACTWARN, war der erste Schritt, den die Nato vor rund zwei Wochen auch im Kosovo-Konflikt eingeleitet hatte. Wie wird sich Deutschland verhalten? Wie meine Partei? Wie die künftige Koalition?

Noch während der Gespräche in den USA dachten alle Beteiligten, daß in diesen Tagen über mögliche Luftangriffe der Nato keine weiteren Entscheidungen getroffen werden müßten. Aber im Kosovo verschlechterte sich die Lage der Menschen täglich. Ein letzter Versuch, Milošević auf politischem Wege von seinem mörderischen Treiben abzubringen, versprach nur dann Erfolg, wenn die internationale Gemeinschaft Druck ausübte und Handlungsbereitschaft demonstrierte. Die Nato-Entscheidung vom 24. September 1998 sollte also um jenen ACTORD erweitert werden, mit dem die Luftstreitkräfte je nach politischer Entwicklung kurzfristig verfügbar und einsetzbar wurden. Damit hatten die Politiker, die später im Oktober Milošević ein Abkommen abringen sollten, eine stärkere Verhandlungsposition.

11. OKTOBER 1998

Am späten Abend ein langes Gespräch mit Gerhard Schröder: Das fortdauernde Hakeln um den Fraktionsvorsitz muß ein Ende haben. Tage zuvor hatte ich ein längeres Gespräch mit Oskar Lafontaine. Über die Beweggründe für die seit Sommer 1998 laufende Debatte (erst Lafontaine-Interview mit einer Aachener Zeitung: er werde sich entscheiden zwischen »Superminister« oder Fraktionsvorsitz; dann später, die Nachricht erreichte mich auf einer Wahlkampfreise durch Thüringen, bei SAT 1 eine Wiederholung; kurz darauf ein entschuldigender Anruf: er habe vergessen hinzuzufügen, das müsse mit mir besprochen werden; die seither immer wieder gleichen Fragen der Journalisten…) erhalte ich keine Klarheit; aber erstaunliche Offenheit an anderer Stelle: es werde wohl zukünftig schwerwiegende Konflikte geben,

und »dann weiß ich nicht, auf welcher Seite du stehst«,
hatte mir Lafontaine gesagt. Mir hatte das gereicht.

Schröder und ich sind einig: Die Situation war unerträg-
lich geworden – eine Belastung für die Fraktion, für die
Verhandlungen mit den Grünen, für die Partei, für das
Bild der Partei in der Öffentlichkeit. Ich füge an: Ein neu-
erlicher Showdown nutzt niemandem. Wir verständigen
uns auf klare Leitlinien: Der Verteidigungshaushalt ist
kein Steinbruch. Dafür sollen in den Koalitionsverhand-
lungen Bezugspunkte festgehalten werden.

Morgen soll auf meinen Wunsch hin das Ergebnis noch
einmal zwischen Gerhard Schröder, Oskar Lafontaine,
Franz Müntefering und mir erörtert und bestätigt wer-
den. Dann gehe ich als Verteidigungsminister auf die
Hardthöhe.

12. OKTOBER 1998

Kurzes Gespräch in meinem Fraktionsbüro, Ergebnis des
Gesprächs mit Gerhard Schröder bestätigt; er wird das
dem Parteivorstand mitteilen. Dann Parteivorstand: Mei-
ne Gefühle sind höchst gemischt, bin also äußerst wort-
karg gegenüber den Medien; ich habe keine Sorgen wegen
des Amtes, aber wird das politisch akzeptiert – und spä-
ter auch halten? Danach kurz ins Büro, wir holen die
Mitarbeiterinnen und Mitarbeiter zusammen, Traurigkeit
und Tränen bei einigen. Ermutigend: Alle wollen weiter
mit mir arbeiten.

Schröder, Fischer und Verheugen sprechen mit Kohl, Kinkel und Rühe. Abgewählte und künftige Regierung sind sich einig: Deutschland wird sich mit eigenen Kräften an der Lösung der Kosovo-Krise beteiligen.

13. OKTOBER 1998

Alle Termine außer den Koalitionsverhandlungen abgesagt. In der Sitzung der SPD-Bundestagsfraktion: langer Bericht zu den Koalitionsverhandlungen. (...) Den Antrag der Bundesregierung (zur Beteiligung Deutschlands an den Maßnahmen der Nato im Kosovo-Konflikt) wird der Bundestag am Freitag verhandeln. Lafontaine erklärt, es gebe keinen militärischen Automatismus, keinen Freibrief, keine »Generalvollmacht« für die Nato. Kinkel habe ihm versichert, die politische Kontrolle über die militärischen Maßnahmen sei in allen Phasen sichergestellt. Ziel aller Maßnahmen, menschliche Lebensverhältnisse für die Albaner im Kosovo zu erreichen. Schröder macht kurze Anmerkungen, bedankt sich, daß einheitliches Handeln der Sozialdemokratie ermöglicht sei. Verheugen erläutert dies gewohnt sachkundig. Gut, daß die Führung von Partei und Fraktion eine gemeinsame Haltung vertritt. Alle haben die Hoffnung, es müsse nicht zu militärischen Maßnahmen kommen.

Am gleichen Tag autorisierte der Nato-Rat den Generalsekretär, Luftangriffe auszulösen. Holbrooke erreichte in Belgrad eine Vereinbarung: Die Feindseligkeiten werden eingestellt, die serbischen Einheiten auf vereinbarte Obergrenzen reduziert, die OSZE wird eine Mission unbewaffneter Beobachter entsenden, das Ganze wird zusätzlich aus der Luft überwacht. Dieses Abkommen stärkte die allgemeine Hoffnung.

16. OKTOBER 1998

An der Sondersitzung des Bundestags hat mich das Stimmergebnis interessiert – und vor allem die Art der Argumentation. 503 Abgeordnete stimmen zu, 63 dagegen, es gibt 18 Enthaltungen. Und: 198 Mitglieder der SPD-Fraktion stimmen zu (21 dagegen, bei sieben Enthaltungen) und 29 Mitglieder der Grünen stimmen zu (neun dagegen, bei acht Enthaltungen). Sicher hat das Abkommen über die OSZE-Mission, das heute in Belgrad zur Unterschrift steht, vieles erleichtert. Vielleicht gelingt der friedliche Weg doch noch?

Die Reden (mit Ausnahme der der PDS) sind ernst, abwägend, im Grunde von der gleichen Argumentation getragen: alle friedlichen Mittel ausschöpfen, keine der schlechten Erfahrungen der letzten Jahre vergessen, die Rechte der vertriebenen Menschen an die erste Stelle setzen, keiner noch so schwerwiegenden Konsequenz ausweichen. Ich bin ganz optimistisch: Auch in neuer Koalition wird Deutschland außenpolitisch handlungsfähig sein.

In der Debatte spielen die außenpolitische Verantwortung Deutschlands, Fragen der präventiven Politik und der Konsequenzen ihres Scheiterns, Fragen des Völkerrechts und der Zulässigkeit und Glaubwürdigkeit einer militärischen Drohung eine Rolle. *Guten Gesprächen mit unseren Außenpolitikern, hier Christoph Zöpel und Gernot Erler, verdanke ich Hinweise, daß eine friedliche und nur ökonomisch fundierte Integrationspolitik zu kurz greifen werde. Notwendig sei im zivilen Aufbau auch der kulturelle Dialog, nicht zuletzt zwischen den Religionen auf dem Balkan. Eigenartig: Meine erste Rede als Fraktionsvorsitzender galt 1994 der Lage auf dem Balkan (und anderen europäischen Fragen). Ich plädierte vorsichtig für eine Stärkung des Mandats der UNO, während bis in die Regierung hinein über Abzug nachgedacht wurde. Es gab Krach, Kritik – ich schrieb einen ausführlichen Brief auch an unseren Parteivorstand; dem folgte kurz vor Weihnachten ein langes Gespräch in Saarbrücken, in den Weihnachtsurlaub platzte dann Anfang 1995 ein* Spiegel-*Artikel von Lafontaine, polemisch, illoyal und sachlich haltlos. Und nun: die letzte Rede als Fraktionsvorsitzender zum gleichen Thema, aber unter völlig gewandelten Voraussetzungen. Einfach wird es trotzdem nicht werden.*

17. OKTOBER 1998

Am Vorabend in den Erinnerungen *von Willy Brandt geblättert:* »Was kann dein Staat, (...) und was kannst du tun, um (...) ein System der Sicherheit und der Zusammenarbeit in Europa aufbauen zu helfen. Friedenspolitik mußte und muß mehr bedeuten, als vom Frieden zu reden. (...) Gerade für die Bundesrepublik Deutschland mußte es um konkrete, nicht um verbale Beiträge gehen.« *Das*

30

war auf die Politik der Aussöhnung und Entspannung
gemünzt. Ein Ergebnis der Brandtschen Politik war die
Schlußakte von Helsinki 1975. Dazu Brandt: »Die
Schlußakte von Helsinki und die Empfehlungen der
Nachfolgekonferenzen enthalten viel, (...) auch, wenn
man will, für gemeinsames Tun. (...) Jener (Konvention)
zum Schutz der Menschenrechte kam dabei die heraus-
ragende Rolle zu. Ich habe es immer als prinzipiell be-
deutsam gefunden, daß, hierauf gestützt, sowohl dem
griechischen Obristenregime wie der türkischen Mili-
tärherrschaft bedeutet werden konnte: Europa kann nur
noch mit den Menschenrechten gesehen werden, und wer
dazugehören will, hat sich daran zu halten.«
Warum sollte das im Fall Belgrads anders sein? Warum
sich auf »verbale Beiträge« beschränken? Schade, das hät-
te ich früher lesen und gestern in der Debatte des Bun-
destags verwenden sollen.

Die Zeit bis zur Bildung der neuen Regierung am
27. Oktober war ausgefüllt mit Verhandlungen und Gesprächen zur Vorbereitung auf das neue Amt. Mir war –
bei mancher Zeit für das Studium von Akten – vor allem
das Gespräch wichtig. Die Sicherheitspolitiker meiner
Fraktion, allen voran Walter Kolbow und Peter Zumkley,
erwiesen sich mit anderen als sehr hilfreich. Ich sprach
mit vielen Fachleuten; besonders gerne erinnere ich mich
an ein langes Gespräch mit Helmut Schmidt (auch wegen
jener alten Eßkastanie, die Helmut von Loki zu seinem
Amtsantritt 1969 geschenkt bekommen hatte und die er
mir nun weitergab). Ich sprach mit Generalinspekteur
Hartmut Bagger, den ich schon bei früheren Begegnungen als ebenso sachkundigen wie gebildeten Mann ken-
nengelernt hatte, und mit den beiden amtierenden Staats-

sekretären. Ich entschloß mich, Peter Wichert im Amt zu belassen wegen seiner Sachkunde und Erfahrung. Die beiden Vorsitzenden der Personalräte (von Hardthöhe und Hauptpersonalrat) waren sichtlich erstaunt, daß ich sie schon vor meinem Amtsantritt hören wollte. Mit Walther Stützle, Peter Heinrich Carstens und Harald Kujat gewann ich erfahrene, in den Angelegenheiten der Bundeswehr und der internationalen Politik besonders wertvolle Mitstreiter. Ich wußte, es würde, einschließlich der in Haushaltsdingen so eingearbeiteten Brigitte Schulte, ein gutes Team. Dazu kamen Gespräche mit künftigen Amtskollegen. Bill Cohen, den amerikanischen Verteidigungsminister, kannte ich ja schon von der jährlich stattfindenden »Münchner Konferenz für Sicherheitspolitik«. Alain Richard aus Frankreich und George Robertson aus Großbritannien traf ich zu persönlichen Gesprächen: der Beginn einer sehr guten, freundschaftlichen Zusammenarbeit, die sich bewähren sollte.

27. OKTOBER 1998

Das neue Kabinett wird ernannt; die Stimmung beim Bundespräsidenten ist locker, auch dank der souveränen und humorvollen Art von Roman Herzog. Gruppenfotos mag ich immer noch nicht.

Die Vereidigung im Bundestag, danach eine erste Sitzung der frisch ernannten Bundesregierung: Beteiligung an der Mission der OSZE im Kosovo. Zweihundert deutsche Beobachter sollen an dieser unbewaffneten Mission teil-

nehmen. Joschka Fischer und ich hatten die Situation
erläutert, die Entscheidung war einstimmig.

3. NOVEMBER 1998

In Wien ein erstes, informelles Treffen der Verteidi-
gungsminister der EU. Wir sprechen über die Notwen-
digkeiten einer gemeinsamen Außen- und Sicherheitspo-
litik der Europäer und einer stärkeren Rolle innerhalb der
Nato. Ich verstehe das Ganze als Vorbereitung für das
Zusammentreffen der Westeuropäischen Union (WEU) in
Kürze in Rom.

4. NOVEMBER 1998

Wir beraten in der Bundesregierung erneut über das
Kosovo. Die Berichte von Joschka Fischer und mir sind
aufeinander abgestimmt, vor allem aber getragen von der
Hoffnung, einen politischen Erfolg durch Verhandlungen
doch noch erreichen zu können – vielleicht nicht zuletzt
durch die militärische Drohung, die dahintersteht. Die
Regierungsmitglieder stimmen darin überein.

Ich berichte während dieser Beratungen: Nach der Entscheidung des Bundestags hatten wir der Nato vierzehn
Tornados als deutsche Beteiligung für militärische Maßnahmen angezeigt. Im Rahmen der mit Belgrad getroffe-

nen Vereinbarungen ging es nun um die Luftüberwachung des Kosovo mit den sogenannten Drohnen und das Verhalten der jugoslawischen Streitkräfte. Daran sollte sich die Bundeswehr mit unbemannter Aufklärung beteiligen, unterstützt von dem notwendigen Personal; außerdem wollten wir die Marine mit ihren hochqualifizierten Aufklärungsflugzeugen einsetzen. Damit würden Deutschland und die USA als einzige Nato-Staaten Aufklärung durchführen, weil anderen Partner-Staaten diese Möglichkeiten fehlten. Den unbewaffneten Beobachtern der OSZE im Kosovo sollte außerdem Schutz durch eine Notfalltruppe garantiert werden (Extraction Force, EXFOR). Sobald die Einzelheiten und Szenarien für den Einsatz dieser Notfalltruppe geklärt wären, müßte der Bundestag ein Mandat für die deutsche Beteiligung erteilen.

17. NOVEMBER 1998

Bei dem Treffen der WEU wird über das Kosovo nur am Rande gesprochen. Gemeinsame Außen- und Sicherheitspolitik der Europäer, die neue Strategie der Nato und deren Gipfel im kommenden Jahr (50 Jahre Nato) sowie die Rolle des »europäischen Pfeilers« in der Nato stehen im Vordergrund. Ich plädiere – aufbauend auf Vorarbeiten unter deutschem Vorsitz in der »Western European Armaments Group« (WEAG) – für eine grundlegende Restrukturierung der europäischen Rüstungsindustrie, beginnend mit der Luft- und Raumfahrtindustrie, und ernte Zustimmung bei dem Treffen mit den Industrievertretern, aber auch Erstaunen wegen offener, offenbar etwas undiplomatischer (?) Worte über die Notwendigkeit, zu privatisieren, zu kooperieren und nicht allein mit Worten, sondern durch Ausbau der gemeinsamen Fähigkeiten das wachsende Ungleichgewicht in der Allianz auszugleichen. Wir haben nicht zuviel Amerika in der Nato, sondern zuwenig Europa. Im übrigen: Wir haben zu viele Institutionen, aber zu wenig gemeinsame Politik, jedenfalls im Bereich Außen- und Sicherheitspolitik. Warum nicht die Westeuropäische Union in die Europäische Union integrieren, als »Brücke« zu gemeinsamer Außen- und Sicherheitspolitik auch mit jenen Staaten, die nicht oder noch nicht institutionell zur Europäischen Union gehören?

Während des ganzen November: Die Mission der OSZE im Kosovo wird aufgebaut, in meinen Augen geht es zu langsam voran. Doch die Zahl der Vertriebenen im Kosovo sinkt glücklicherweise. In den Lagebesprechungen des Verteidigungsministeriums wird deutlich: Die Bundeswehr stellt ihren Anteil schneller als andere Armeen. Am Rande notiere ich: Man wird das später sorgfältig besprechen und analysieren müssen. Die Reaktionsgeschwindigkeit der internationalen Organisationen ist zu langsam, deswegen ist ihre Glaubwürdigkeit und Akzeptanz zu gering, und in der Folge sind die präventiven (politisch-diplomatischen) Möglichkeiten zu wenig wirksam. Erste Behinderungen der OSZE durch Jugoslawien werden deutlich.

In der Bundesregierung wird debattiert und völlig einmütig entschieden über die Beteiligung an der Notfalltruppe zum Schutz der OSZE-Beobachter im Kosovo.

Dazu hatte ich vorgetragen: »Die Nato hat Planungen für Notfälle entwickelt, in denen Beobachter mit militärischer Unterstützung aus dem Krisengebiet gebracht werden müssen. Ein solcher Notfall läge zum Beispiel vor, wenn Leib und Leben einzelner Beobachter gefährdet wären oder diese mit Gewalt in ihrer Bewegungsfreiheit behindert würden und wenn eine friedliche Evakuierung durch die OSZE nicht mehr möglich ist.«

Letzte Woche hatte der Nato-Rat diesbezüglich den Operationsplan »Joint Guarantor« gebilligt, der folgende abgestufte Szenarien vorsah: Szenario 1, in dem Evakuierungen noch in einem relativ friedlichen Umfeld stattfinden. Szenario 2, in dem in einem begrenzten Gebiet Beobachter direkt bedroht sind, beispielsweise durch Geiselnahmen, Folter oder Schlimmeres. Szenario 3, das die Evakuierung aller Beobachter unter Kampfhandlungen notwendig macht.

Die Extraction Force hatte keine ständigen Schutzaufgaben im Kosovo, sie sollte nur örtlich und zeitlich begrenzt in Notfällen tätig werden. Sie stellte keine Interventionskräfte für das Kosovo und hatte ihre Aufgaben neben der Evakuierung in den beschriebenen Szenarien oder bei medizinischen Notfällen, in der Rettung aus Minenfeldern und in der Gewährleistung der Sicherheit der Beobachter, notfalls mit Gewalt.

24. NOVEMBER 1998

Der Nato-Generalsekretär wird am 26. November nach Skopje reisen, um mit dem Präsidenten und dem neuen Premierminister (von Makedonien) über die Stationierung jener Truppe zu sprechen, die die unbewaffneten Beobachter im Kosovo schützen soll. Das scheint mir auch immer dringender zu werden angesichts der erneut wachsenden Gewalttätigkeiten im Kosovo. Noch besteht der ACTORD, also die Möglichkeit zu Luftangriffen gegen Jugoslawien. Diese Drohung mag wirksam sein, den unbewaffneten Beobachtern der OSZE am Boden wird sie im Notfall kaum helfen – das kann nur EXFOR.

25. NOVEMBER 1998

Zurück von einem Arbeitsbesuch in den USA hatte ich mir notiert:

Washington: Treffen mit Bill Cohen, später mit Madeleine Albright, dann mit Senatoren. Der ganze Arbeitsbesuch wird, zumindest in der Öffentlichkeit, von der Debatte überlagert, die Joschka im Spiegel *wegen des Ersteinsatzes von Atomwaffen und wegen der neuen Nato-Strategie ausgelöst hatte. Kujat und Slowcombe verständigen sich auf einen kurzen Text. Mir kam es darauf an, das Thema wieder in die richtige politische Rangfolge zu bringen: Das Bündnis ist verantwortlich für gemeinsame Sicherheit; Sicherheit wird umfassend und nicht allein*

37

militärisch verstanden; daraus entwickelt sich die Bedeu-
tung wirtschaftlicher, sozialer, kultureller, auch ökologi-
scher Politik in der Krisenprävention und im Konfliktma-
nagement. Diese stellt sich auch den Herausforderungen
durch religiösen Fanatismus, ethnischen Haß, Terror oder
Verbreitung von Massenvernichtungswaffen. Sie ent-
wickelt daraus den Willen zu gemeinsamer Sicherheit, zu
Abrüstung und Rüstungskontrolle und folgert, daß im
Rahmen einer politischen (!) Strategie der Abschreckung
die Rolle der Atomwaffen eine politische bleibt, mit weit,
sehr weit entfernter Wahrscheinlichkeit ihres Einsatzes.
Ärgerlich: Nicht nur die Prioritäten geraten durcheinan-
der; die politisch erreichbaren Erfolge (Krisenprävention
und Konfliktmanagement als neue Pfeiler der Nato-Stra-
tegie, stärkere Rolle der Europäer in der Nato, Bindung
an das Völkerrecht und die Charta der Vereinten Natio-
nen, die Nato als Garant der Sicherheit im euro-atlanti-
schen Raum) treten in den Hintergrund.

Später beherrschte das Thema, oft genug unter den gleichen falschen Vorzeichen, die Erörterungen im Auswärtigen Ausschuß und im Verteidigungsausschuß des Bundestags. Die Opposition witterte eine Chance, Streit in
die Koalition zu tragen und sie gleichzeitig mangelnder
Verläßlichkeit im Bündnis zu zeihen; manche in der Koalition sprachen plötzlich nur noch über militärische Fragen und davon, daß nach dem Wegfall der Ost-West-
Konfrontation die Bedrohung durch Atomwaffen verschwunden sei. Was aber ist mit dem noch immer nicht
ratifizierten Start-II-Vertrag, mit den Tausenden takti-
scher Atomwaffen in Rußland, mit den Verhandlungen
über die Begrenzung konventioneller Streitkräfte in Europa – und vor allem: Wie soll in Zukunft (man analysie-

re den Irak-Krieg) vom Einsatz biologischer oder chemischer Massenvernichtungswaffen abgeschreckt werden? Wegen der negativen Erfahrungen mit Kontrolle, Aufspürung und Vernichtung biologischer und chemischer Waffen im Irak sprach ich in den folgenden Wochen mit einigen europäischen Kollegen.

In Washington war indessen intensiver über das Kosovo gesprochen worden. Die Behinderungen beim Aufbau der OSZE-Mission wurden stärker: Manche Staaten zögerten, ließen sich Zeit, andere waren wohl überfordert; viel wichtiger: Jugoslawien erteilte die Visa nur schleppend langsam, die medizinische Betreuung wurde erschwert, vor allem die Bereitstellung eines schweizerischen Rettungshubschraubers wurde durch Verweigerung einer Einfluggenehmigung blockiert. Das hatte Rückwirkungen auf die Bereitschaft mancher Länder, unbewaffnete Beobachter dem hohen Risiko auszusetzen.

New York. Treffen mit dem UN-Generalsekretär Kofi Annan. Wir reden über den Irak, die Erfahrungen und Probleme dort mit der Abrüstung und deren Kontrolle. Es besteht Einigkeit über eine strikte Politik gegenüber dem Irak. (...) Ich kündige dem UN-Generalsekretär außerdem an, bis Frühjahr 1999 wolle Deutschland im Rahmen eines Stand-by-Arrangements und als Folge einer geänderten (ich sage: erweiterten) Politik der UNO Fähigkeiten und Kräfte anzeigen; wir wollen die Reaktionsfähigkeit und -geschwindigkeit der Vereinten Nationen in der Krisenprävention so verbessern helfen wie zuvor schon über siebzig andere Staaten. Annans Reaktion ist sehr positiv, er betont die besondere Verantwortung Deutschlands und die Orientierung, die unser

Verhalten für andere schaffen könne. Der Gedankenaus-
tausch zum Kosovo ist kurz und voller Sorgen.

Auf dem Rückflug sagte ich Walther Stützle, daß wir alle
bei den UN-Inspektionen im Irak eingesetzten Deutschen
zu einem Erfahrungsaustausch zusammenholen sollten.
(Dieser fand im Januar 1999 statt, und ich hörte sehr
erstaunt, dies sei das erste Mal.)

17. DEZEMBER 1998

In das Treffen der Verteidigungsminister der Nato in
Brüssel platzt die Nachricht von den Angriffen der ame-
rikanischen und britischen Luftwaffe auf Flugzeuge des
Irak, die in die Flugverbotszone eingedrungen sind. Lei-
der blutet das Land durch das UN-Embargo aus, aber
Saddam Hussein ist völlig skrupellos gegenüber dem eige-
nen Volk und der internationalen Gemeinschaft. Er
verfügt noch immer über chemische und biologische Waf-
fen, verweigert die Erfüllung internationaler Verpflich-
tungen und mißbraucht auch Gelder aus dem Öl-für-
Nahrung-Programm, das der Bevölkerung helfen soll.
Statt dessen kaufte er Komponenten für Massenvernich-
tungswaffen.

Informelle Runden, manches Vier-Augen-Gespräch über
das Kosovo, skeptisch, sorgenvoll; an der allgemeinen
Entschlossenheit keine Zweifel, wenn auch unterschied-
liche Akzente, vor allem beim direkten regionalen Nach-
barn Griechenland. Gemeinsam ist allen die Befürchtung,

daß Milošević bis zum letzten Moment pokern werde.
Ob er militärisches Eingreifen riskieren will oder auf
Unentschlossenheit oder Spaltung innerhalb der Nato
setzt, bleibt offen. Mein Eindruck: Er wird sich verspe-
kulieren.

Von der Öffentlichkeit fast unbemerkt blieb die neue
Kommando-Struktur der Nato, die wir bei dieser Tagung
des Nato-Rats ebenfalls beschlossen. Entscheidend war
nicht so sehr, daß wir die Zahl der Hauptquartiere deutlich verringerten, die Führung strafften und damit eine
effizientere, auch kostengünstigere Führung der Nato-
Streitkräfte erreichten. Wichtiger war mir eine nach
langen Gesprächen am Ende mit George Robertson
gefundene Vereinbarung, wonach entscheidende Füh-
rungspositionen (darunter der für die europäische Sicherheitspolitik so wichtige Stellvertreter des Nato-Oberbefehlshabers) in Zukunft zwischen Großbritannien und
Deutschland rotieren sollten.

Als fast historischen Schritt möchte ich bezeichnen, daß
die Nato im griechischen Larissa ein Hauptquartier mit
türkischem, im türkischen Izmir ein Hauptquartier mit
griechischem Stellvertreter des jeweiligen Befehlshabers
einrichten würde. Zwar sind beide Staaten in der Nato,
und nur das hatte womöglich bisher einen Krieg zwischen
ihnen verhindert; nun aber wurden ihre Streitkräfte in
einer Weise vernetzt, die noch vor kurzer Zeit undenkbar
schien. Würden solche Fortschritte auch einmal auf dem
Balkan gelingen, wie in diesem Falle und lange zuvor im
übrigen Europa?

Der Flug nach Skopje mußte abgebrochen werden (Flughafen vereist), der Besuch in Tetovo fiel leider aus. Die Gespräche in Sarajevo, das Zusammentreffen mit den Soldaten, das gemeinsame Abendessen, die Übernachtung im Feldlager in Rajlovac liegen hinter mir. Starke Eindrücke: Die Soldaten sind von ihrem Können und Auftrag überzeugt. Trotzdem: Weihnachten im Ausland, das belastet, wie ich in Einzelgesprächen spüre. Kommandeur und Inspekteur haben geraten, an Heiligabend die Leute besser allein zu lassen. Dem folge ich. Andere Gespräche, vor allem das mit den Vertrauenspersonen der Soldaten, fördern Hinweise auf Verbesserungsmöglichkeiten zutage. Das Gespräch mit Zladko Lagumdzhija, dem jungen Vorsitzenden der kleinen sozialdemokratischen Partei in Bosnien-Herzegowina, macht deutlich: Eine multi-ethnische, demokratische, sozialdemokratische Partei aufzubauen ist in Bosnien-Herzegowina, vermutlich auf dem ganzen Balkan, ungewöhnlich schwierig.

Schon einmal, am 26. November, hatte ich die in Bosnien-Herzegowina eingesetzten Bundeswehrsoldaten besucht, jetzt war der geplante Besuch der Truppe im makedonischen Tetovo dem Wetter zum Opfer gefallen. Meine Gedanken kreisten um die Bemühungen, die ich seit meiner Wahl zum Vorsitzenden der Europäischen Sozialdemokratie eingeleitet hatte. Seit 1995 gab es, zunächst von vielen eher mißtrauisch beäugt, eine Einladung an alle Vorsitzenden demokratischer Parteien auf dem Balkan mit dem Ziel, Gespräche, Kontakte und den Austausch von Meinungen zu fördern und dadurch eine gemeinsame Sichtweise sowie hoffentlich irgendwann auch ein gemeinsames Verständnis und Verhalten angesichts der Herausforderungen auf dem Balkan zu erreichen. Günter Verheugen hatte viele Reisen auf den Balkan, insbesondere nach Bosnien-Herzegowina, unternommen. Seine Berichte und unsere Gespräche vergegenwärtigten mir, wie lange und steinig der Weg zu ökonomisch sicheren und demokratisch stabilen Verhältnissen sein würde. Bei einem Treffen mit dem »Staatspräsidium« von Bosnien-Herzegowina wurde mir die Situation plastisch vor Augen geführt: Hier saßen die Vertreter der drei Volksgruppen zusammen, man hatte aber nicht den Eindruck, daß sie wirklich zusammenarbeiteten. Im Gegenteil: Alle waren mehr den eigenen Ethnien und deren Interessen verpflichtet, oder was sie dafür hielten, und ich schaute in teils abweisende, teils verständnislose Gesichter, als ich nachdrücklich appellierte, Bosnien-Herzegowina als gemeinsame Verantwortung und als gemeinsame Zukunft zu begreifen. Und als schließlich nach unserer Zusammenkunft noch nicht einmal ein gemeinsames Foto zustande kam, war mir die Enttäuschung mitgereister Fotografen schlicht zu oberflächlich.

Die Fahrt durch Sarajevo vermittelte einen gespenstischen Eindruck. Ich dachte zurück an Besuche in Mostar und viele Gespräche mit Hans Koschnick, der dort den Wiederaufbau koordiniert hatte. Bosnien-Herzegowina hat, falls es überhaupt ein gemeinsamer Staat bleibt, einen verdammt schwierigen Weg vor sich und wird ihn aus eigener Kraft, ohne internationale Sicherheiten, lange Zeit nicht gehen können.

Ich lese in Unterlagen mit Hintergrund-Informationen zum Kosovo; darunter ein als »Nato confidential« eingestufter Bericht über Reisen und Gespräche von Mitarbeitern internationaler Organisationen. Erschreckende Klarheit, auch bei den russischen Diplomaten: Die Repressionen werden fortgesetzt, Dörfer niedergebrannt, das Kosovo solle ethnisch gesäubert werden, an Stelle der Albaner sollten Serben aus anderen Teilen des Balkan angesiedelt werden, das Vorgehen der Serben sei absolut brutal. Dieser Bericht vom vergangenen September gibt auch wegen der geschilderten Argumentation serbischer Politiker einen Vorgeschmack auf das, was an Propaganda auf die Nato und die internationale Staatengemeinschaft zukommen wird: Behauptungen über Umweltzerstörung, die angebliche Verwendung atomarer Munition usw.

17. JANUAR 1999

Zurück von einem kurzen Wochenende: Schreckliche Nachrichten. In Račak hat vorgestern ein Massaker stattgefunden, bei dem 45 Albaner ermordet wurden. Der Nato-Rat war zu einer Sondersitzung zusammengetreten, der Vorsitzende des Nato-Militärausschusses und der Nato-Oberbefehlshaber in Europa werden nach Belgrad reisen, um die Einhaltung der Vereinbarungen vom Herbst letzten Jahres über den Abzug der serbischen

»Spezialpolizei« und die Einstellung der Feindseligkeiten
zu verlangen. Intern erwägen wir Maßnahmen, um die
Bereitschaft der Nato zum Handeln zu unterstreichen:
Erhöhung der Bereitschaft der Luftstreitkräfte, beschleu-
nigte Planung der Extraction Force, gegebenenfalls eine
Reise des Nato-Generalsekretärs nach Belgrad. Nicht nur
in Brüssel wächst die Zahl derer, die glauben, daß ein
militärisches Engagement im Kosovo unausweichlich
werden kann.

20. JANUAR 1999

Im Kabinett haben Joschka Fischer und ich (wie auch
künftig in fast jeder Kabinettssitzung bis zum Sommer)
über die Situation im Kosovo und auf dem Balkan sowie
über die Diskussionen innerhalb der Nato und der
Europäischen Union berichtet und politische Einschät-
zungen gegeben. Die Reise der Generale Klaus Naumann
(Vorsitzender des Nato-Militärausschusses) und Wesley
Clark (Nato-Oberbefehlshaber in Europa) nach Belgrad
hat keine Fortschritte gebracht, aber den Eindruck be-
stätigt, daß Milošević seinen politischen Kurs nicht
ändern wird.

Zwar wurde die am 18. Januar 1999 verfügte Ausweisung
des Chefs der OSZE-Mission, William Walker, kurz darauf
wieder zurückgenommen – an den wachsenden Spannungen und der zunehmend pessimistischen Einschätzung der
Erfolgsaussichten unserer Politik und Diplomatie änderte
das nichts.

Aus dem Kosovo erreichten uns Informationen, daß die Vertreibungen zunehmen und offenbar im Nordosten der Provinz Dörfer geplündert und zerstört werden. *Erfreulich: Innerhalb der Bundesregierung gab es keine Differenzen in der Einschätzung der Lage und bei den notwendigen politischen Entscheidungen.*

21./22. JANUAR 1999

Kurze Gespräche mit Bundeskanzler und Außenminister am Rande der Sitzungen des Deutschen Bundestags. Informationen über Telefonate mit dem amerikanischen und dem französischen Kollegen weitergegeben. Gemeinsame Einschätzung: Bisher war die Nato erfolgreich. Nur eine eindeutige Haltung der Nato verbessert die (geringen) Aussichten für die Verhandlungen in Rambouillet. Volle Konzentration auf die Maßnahmen, die nach dem ACTORD möglich sind. Fähigkeiten dazu schrittweise hochfahren. Bodentruppen »to guarantee peace« (um ein Friedensabkommen zu garantieren) sind möglich, nach meiner Einschätzung notwendig, Bodentruppen »to make peace« (um Frieden zu schaffen) nicht – aber besser keine öffentlichen Debatten darüber. Wenn wir solche Befürchtungen in den eigenen Ländern ausräumen, wird unser Verhalten für Milošević zu leicht kalkulierbar. Tendenz der USA, sich an der Extraction Force zu beteiligen: ganz eindeutig nein.

24. JANUAR 1999

Zurück von einer Reise nach Athen und Thessaloniki notierte ich: *Aufschlußreiches Gespräch mit dem griechischen Ministerpräsidenten Kostas Simitis über Mentalitäten auf dem Balkan, über in Jahrhunderten geprägte Traditionen von Gewalt, Terror und Krieg mit ihren Auswirkungen auf jeden einzelnen Menschen. Bei der Konferenz zu Fragen des Balkans erntet meine These über das womöglich notwendige militärische Einschreiten angesichts von Massakern und Vertreibung gemischte Resonanz, bei einigen Anwesenden beredtes Schweigen.*

30. JANUAR 1999

Auf dem Flug nach Skopje: Das zurückliegende Treffen der sozialdemokratischen Parteivorsitzenden und Regierungschefs der Europäischen Union in Wien war beherrscht von Diskussionen über die europäische Politik, die Erwartungen an die deutsche Ratspräsidentschaft und die Schwierigkeiten in der europäischen Kommission. Wir haben eine kleine Arbeitsgruppe unter dem Vorsitz des portugiesischen Ministerpräsidenten Antonio Gueterres vereinbart. Sie soll für den Europäischen Gipfel Vorschläge zu einer Wachstums- und Beschäftigungspolitik erarbeiten. Dies auf europäischer Ebene anzulegen, deckt sich mit unseren Vorstellungen in Deutschland und ergänzt unser Bemühen um Wachstum, Arbeitsplätze und Ausbildungsmöglichkeiten.

47

Allgemeine Sorgen wegen des Kosovo, aber auch Ent-
schlossenheit, notfalls zu handeln. Das Ultimatum der
Kontaktgruppe wird unterstützt. Ist das Ultimatum und
Rußlands Beteiligung daran ein Hoffnungsschimmer?

Die Kontaktgruppe – Rußland war im Herbst 1998 in
dieses aus Deutschland, den USA, Italien, Großbritannien
und Frankreich bestehende Gremium zurückgekehrt –
hatte an Jugoslawien ein Ultimatum gerichtet. In der folgenden Woche sollte in Rambouillet bei Paris mit den am
Konflikt beteiligten Parteien, also Jugoslawien und den
Kosovo-Albanern, verhandelt werden. Die Einladung war
ebenso ultimativ wie die für die Verhandlungen gesetzte
Frist. Die Beteiligung Rußlands schien ein klares Signal
internationaler Kooperation und gemeinsamer Hand-
lungsfähigkeit zu enthalten. Das war gegenüber Milošević
besonders bedeutsam.

Zuvor schon hatte Nato-Generalsekretär Javier Solana
öffentlich eine Warnung an Belgrad und die Kosovo-Albaner gerichtet und zugleich deutlich gemacht, daß die Nato
die politischen Bemühungen der Kontaktgruppe unter-
stützte. Dies bekräftigte auch die gemeinsame Reise Sola-
nas und des französischen Außenministers und Vorsitzenden der Kontaktgruppe, Hubert Vedrine, nach
Belgrad.

Auf dem Rückflug von Skopje am späten Abend habe ich
mit dem Generalinspekteur der Bundeswehr, General
Bagger, und dem Inspekteur des Heeres, General Will-
mann (einem sehr zupackenden Mann mit gutem Über-
blick und differenzierten Meinungen) sowie ihren Mitar-
beitern über die EXFOR gesprochen, mir ihre Vorschläge
angehört und entschieden, die Bundeswehr umfassend an

dieser Notfalltruppe in Makedonien zu beteiligen, mit starker Bewaffnung, den Kampfpanzer Leopard eingeschlossen. Sollte es zu einem Notfall kommen, aber auch für eine eventuelle Garantie eines internationalen Abkommens über das Kosovo – vergleichbar mit der des Dayton-Abkommens für Bosnien – war schwere Bewaffnung geboten, um Durchsetzungswillen zu demonstrieren und die eigenen Soldaten zu schützen. Daß diese Entscheidung nebenbei wie ein warnendes Signal für Belgrad wirken konnte, war willkommen.

In Brüssel hatte an diesem 30. Januar der Nato-Rat über die Autorisierung des Nato-Generalsekretärs für Luftangriffe beraten und entschieden, gegebenenfalls begrenzte Luftschläge und die Phase I der abgestuften Luftoperationen in enger Konsultation mit den Mitgliedstaaten umzusetzen.

In den Nato-Planungen waren die Luftoperationen in verschiedene Phasen eingeteilt worden. Durch die stufenweise Intensivierung sollten politische Flexibilität und Reaktionsfähigkeit in den verschiedenen Entwicklungsstadien eines Konflikts sowie kontinuierlich politische Entscheidung und Führung der militärischen Operationen gewährleistet werden.

Phase O der Luftoperationen beinhaltete die Verlegung von Luftstreitkräften auf Flugplätze, von denen aus das Territorium Jugoslawiens erreichbar war, außerdem Flüge zur Überwachung des Luftraums über Jugoslawien, jedoch ohne in den Luftraum selbst einzudringen, sowie die Erklärung einer Flugverbotszone über Jugoslawien, jedoch noch keine Angriffe zu deren Durchsetzung.

Sollte Milošević angesichts dieser Maßnahmen nicht einlenken, würde Phase I folgen – mit Luftoperationen zur Durchsetzung der Flugverbotszone und um »Luftüberlegenheit« über Jugoslawien und »Luftherrschaft« über dem Kosovo zu erreichen. Dazu würde die radargestützte Luftabwehr Jugoslawiens angegriffen oder elektronisch unterdrückt und Flugplätze und Kommunikationslinien des jugoslawischen Militärs im Kosovo bombardiert werden.

Neben einer Fortsetzung der Maßnahmen aus Phase I sollten in Phase II die Angriffe auf das Gebiet Jugoslawiens südlich des 44. Breitengrads ausgeweitet werden (also unter Ausschluß von Belgrad) und sich gegen Verstärkung und Nachschublinien für die jugoslawischen Truppen im Kosovo sowie gegen Kasernen, Hauptquartiere, Waffenlager oder Panzerstellungen richten.

Phase III der Planung der Nato sah vor, die Maßnahmen aus den Phasen I und II fortzusetzen, sie auf ganz Jugoslawien auszudehnen und strategische wie taktische Ziele einzubeziehen. Nun sollten militärische Hauptquartiere angegriffen werden sowie Produktions- und Lagerstätten, soweit sie für die Operationsfähigkeit der jugoslawischen Armee bedeutend waren, wie beispielsweise Elektrizitätswerke, Ölraffinerien und Systeme von Kommunikation, Kommando und Kontrolle militärischer Maßnahmen.

Alle diese Maßnahmen und ihre verschiedenen Phasen sollten die militärische Macht Jugoslawiens brechen, die Möglichkeiten zur Verfolgung, Ermordung oder Vertreibung der Kosovo-Albaner zunehmend einschränken und gleichzeitig jederzeit den Weg für ein politisches Einlenken Belgrads freihalten.

*Vor ihrem Beitritt zur Nato hatte ich noch in Polen,
Ungarn und der Tschechischen Republik meine Verteidi-
gungsminister-Kollegen besucht. Ich wollte Aufmerksamkeit und Respekt signalisieren und auch die Bereitschaft zu weiterhin enger Kooperation mit den drei neuen
Mitgliedstaaten. Wie mir die Gespräche, auch mit den
Außenministern, zeigten, wurden die Signale richtig verstanden. Besonders erfreulich: Treffen mit guten Bekannten aus schwierigeren Tagen und die Herzlichkeit der
Gespräche mit (so ganz unterschiedlichen) Politikern wie
Aleksander Kwaśniewski, Bronislaw Geremek, Vaclav
Havel. Letzterer spricht mich (positiv und unterstützend)
auf das Vorhaben eines gemeinsamen Gelöbnisses deutscher und tschechischer Soldaten an: »Das ist doch ein
wunderbares Symbol.«*

*Während der »Münchner Konferenz für Sicherheitspoli-
tik« ein intensives Gespräch der Verteidigungsminister.
Zwischen Bill Cohen, Alain Richard, George Robertson,
Carlo Scognamiglio und mir gemeinsame Einschätzungen: Die Lage im Kosovo wird immer dramatischer, die
Chancen der gerade begonnenen Verhandlungen in Rambouillet liegen bestenfalls bei 50 Prozent, der Schutz der
unbewaffneten OSZE-Beobachter wird immer dringli-
cher, die Notwendigkeit militärischen Eingreifens immer
wahrscheinlicher.*

Wieder ausführliche Berichte im Kabinett; keine Meinungsverschiedenheiten in der politischen Einschätzung und über die notwendigen Konsequenzen. Joschka Fischer berichtet über seine Eindrücke von einem Gespräch mit Milošević. Wir werden alle Bemühungen darauf konzentrieren, gemeinsam mit der Kontaktgruppe, also unter Beteiligung Rußlands, den politischen Druck maximal zu erhöhen.

Die Zahl der Vertriebenen im Kosovo steigt, manche sprechen schon von wieder bis zu 300 000 vertriebenen Menschen. Was machen sie durch im eigenen Land? Ich rechne mit schwierigen Debatten über die Finanzierung des deutschen Beitrags zu EXFOR.

13. FEBRUAR 1999

Hinter mir liegt ein Treffen der Verteidigungsminister von Frankreich, Polen und Deutschland (»Weimarer Dreieck«). Wir hatten uns in Krakau getroffen, europäische Verteidigungspolitik, die Notwendigkeiten der Kooperation und manches andere besprochen. Keine Meinungsverschiedenheiten über das Kosovo und Jugoslawien, im Gegenteil.

Gemeinsam mit deutschen und polnischen Soldaten besuchen mein polnischer Kollege Janusz Onyśkiewicz und ich Auschwitz: eine schwere Last, bedrückend. Auch nach mehreren Besuchen in Auschwitz stellt sich Abstand für mich nicht ein. Wie sollte das auch geschehen? Was mögen die Soldaten gedacht haben? Ich hatte im letzten November bei einem Truppenbesuch in Erfurt darum gebeten, diesen Übungsaufenthalt in Polen zu der gemeinsamen Fahrt nach Auschwitz zu nutzen. Erst den Bildern im Fernsehen entnehme ich, daß ich beim Weggehen von der Todeswand Janusz in den Arm genommen hatte. Ich selbst erinnerte mich nur noch an ein geflüstertes Gespräch beim Hinaustreten aus dem Hof und ein noch leiseres »Dankeschön« von Janusz.

17. FEBRUAR 1999

Die Besuche in Lissabon und Rom liegen hinter mir, persönlich angenehm, politisch übereinstimmend. Lamberto Dini (der italienische Außenminister) macht eine Bemerkung zur Nachfolge im Amt des Nato-Generalsekretärs; ich mißverstehe sie bewußt und sage, daß ich einen herausfordernden Job habe und ihn behalten wolle. Wichtiger scheint mir, bestätigt auch durch Gespräche mit Antonio Gueterres, dem portugiesischen Ministerpräsidenten, und vor allem mit meinem Kollegen Carlo Scognamiglio, daß – bei aller Differenziertheit der Ansichten und der komplizierten innenpolitischen Verhältnisse in vielen Partnerländern – die Haltung der Regierungen sehr klar ist: Milošević muß gestoppt werden, sonst ist der ganze Balkan in Gefahr, womöglich mehr (was angesichts der Ströme von Flüchtlingen nach Italien gut einzusehen ist).

Der russisch-deutsche Gipfel ist beendet, auch ein langes Treffen mit dem russischen Kollegen Igor Sergejew einschließlich eines längeren Vier-Augen-Gesprächs. Die Meinungsverschiedenheiten in Sachen Kosovo sind offen zutage getreten. Scheitern von Rambouillet immer wahrscheinlicher?

Während des gesamten Januar und Februar 1999 wurden im Kabinett zwischen den beteiligten Ministern und dem Bundeskanzler unter Einbeziehung der Vorsitzenden der Bundestagsfraktionen häufig und detailliert Informationen ausgetauscht – über zahlreiche und dichte Kontakte, die innerhalb einer Regierung selbstverständlich sein sollten (es aber zumindest zwischen Außen- und Verteidigungsministerium in der Regierung Kohl spürbar nicht waren). Ergänzt wurden die Informationen durch die Fülle von Kontakten des Bundeskanzlers mit den Staats- und Regierungschefs in der EU und der Nato und ebenso durch Kontakte des Außenministers Joschka Fischer zu seinen Kollegen. So konnten wir beispielsweise die Fraktionsvorsitzenden ausführlich und gründlich unterrichten über die Einschätzung der politischen Situation, über den Fortgang (besser gesagt, das drohende Scheitern) der Verhandlungen in Rambouillet und die Konsequenzen. Die Aufstellung der EXFOR und der deutsche Beitrag dazu, die Planungen der Nato für abgestufte Luftoperationen und die dahinterstehende politische Strategie waren nicht umstritten.

Natürlich unterhielten wir uns intensiv über die verbleibenden Möglichkeiten für eine friedliche Lösung und darüber, welche Verantwortung Deutschland trage, um den Zusammenhalt im Bündnis zu stärken und möglicherweise Rußland davon zu überzeugen, daß es sich selbst, seiner europäischen Aufgabe und seinen Interessen, auch den innenpolitischen, nur schaden würde, falls Rußland in den Verhandlungen weiterhin nur das vertreten würde, was Milošević unterschreiben würde. Denn faktisch bedeutete dies nichts anderes als ein Vetorecht für Milošević.

22. FEBRUAR 1999

Die sogenannte Haushaltswoche des Deutschen Bundestags begann, begleitet von Sitzungen des Kabinetts, der zuständigen Ausschüsse und von intensiven Beratungen über die Aufstellung der EXFOR sowie das dafür notwendige Mandat des Deutschen Bundestags.

Joschka Fischer informierte die Bundesregierung über den Verlauf der Verhandlungen in Rambouillet, ich ergänzte die sicherheitspolitischen Aspekte. Wir stellten zunächst die Zeitlinien für den Verhandlungsprozeß vor. Ursprünglich war vorgesehen, die am 6. Februar 1999 eröffneten Verhandlungen frühzeitig abzuschließen und das Ergebnis in einer Sitzung der Außenminister der Kontaktgruppe am 14. Februar zu bewerten. Die Verhandlungen waren dann zunächst bis 20. Februar verlängert worden. An diesem Tag traten die Außenminister der Kontakt-

gruppe erneut zusammen und beschlossen eine »letzte«
Verlängerung: 23. Februar, 15.00 Uhr.

Der Verhandlungsprozeß selbst, unter der gemeinsamen
Leitung des französischen Außenministers Hubert Vedrine und des britischen Außenministers Robin Cook, wurde von drei Chefunterhändlern geführt: den Botschaftern
Christopher Hill aus den USA, Wolfgang Petritsch für die
Europäische Union und Boris Majorski aus Rußland. Am
16. Februar hatte Hill mit Milošević in Belgrad gesprochen, war aber am 19. Februar von diesem schon nicht
mehr empfangen worden. Zentrale Fragen waren offen
geblieben: Man wollte eine Interimszeit von etwa drei
Jahren vereinbaren, um dann über den endgültigen Sta-
tus des Kosovo im jugoslawischen Staatenverbund zu entscheiden, während die Kosovo-Albaner ein Referendum
anstrebten und sich auf diese Weise die Möglichkeit offen-
halten wollten, die Unabhängigkeit des Kosovo zu erreichen. Zudem war eingedenk der Erfahrungen mit Bosnien-Herzegowina eine militärische Garantie für die
Umsetzung des Abkommens vorgesehen, was die serbische Seite strikt ablehnte. Zwar hatte Rußland signalisiert, sich an der Diskussion über eine militärische Garantie nicht zu beteiligen, sie weder zu unterstützen noch zu
stören. (Das war schon in Dayton die russische Haltung
gewesen.) Ein noch ernsthafteres Problem allerdings war,
daß Rußland den Einsatz von Nato-Truppen und eine
Beteiligung russischer Truppen zur Umsetzung eines
Abkommens nur mit Zustimmung Serbiens akzeptieren
wollte.

Die Nato, berichtete ich, bereite ihrerseits die militärische
Planung für die Umsetzung eines Friedensabkommens

vor, um gegebenenfalls sofort nach der Unterzeichnung agieren zu können. Dazu hatte der Nato-Rat am 17. Februar 1999 einen vorläufigen Operationsplan gebilligt. Im Falle eines endgültigen Scheiterns der Verhandlungen behielt der Nato-Generalsekretär die Vollmacht, Luftoperationen auszulösen. Dafür hatten ebenfalls am 17. Februar die USA zusätzlich 51 Kampfflugzeuge nach Europa verlegt. Es herrschte Übereinstimmung darüber, daß eine Verschärfung der Situation auch den Abzug der OSZE-Beobachter aus dem Kosovo bedeuten würde. Also mußte der Schutz der Beobachter gewährleistet sein, und wir brachten in dieser Kabinettssitzung die nötigen Beschlüsse dafür auf den Weg.

Als Zielsetzung hielten wir im Kabinett fest, daß der militärische Druck durch die Nato, die Verifikation durch die OSZE und der Schutz ihrer Beobachter das gemeinsame Ziel hatten, eine humanitäre Katastrophe zu verhindern, den Konflikt einzudämmen und die Verhandlungen in Rambouillet zu einem Erfolg zu führen.

Im Laufe der Sitzung meldete sich Finanzminister Lafontaine mit Fragen zur militärischen Operationsplanung zu Wort. Joschka Fischer und ich beantworten seine Fragen, die Beschlüsse der Bundesregierung wurden danach einstimmig gefaßt.

Joschka Fischer hatte auch von seinem vorausgegangenen Besuch in Belgrad berichtet. Aus meinen Notizen entnehme ich, wie zwiespältig seine Eindrücke waren. Die Hoffnungen auf ein erfolgreiches Ende der Verhandlungen überwogen, aber die Skepsis wuchs. Man kann von verzweifelten Bemühungen des Außenministers und seiner Kollegen sprechen, die bisher ohne Ergebnis geblieben waren. Im Kosovo nahmen währenddessen die Gewalttätigkeiten, bewaffneten Auseinandersetzungen und Vertreibungen zu. Würden wir bald wieder vor der gleichen Situation stehen, wie im Herbst letzten Jahres?

Nach der Kabinettssitzung und später am Rande der Bundestagssitzung löste Oskar Lafontaine hektische Diskussionen über die Finanzierung des deutschen Beitrags zu EXFOR aus. Entweder war man im Finanzministerium mit den zuvor einstimmig beschlossenen Vorschlägen nicht mehr einverstanden, oder hatte sie bisher noch nicht ausreichend zur Kenntnis genommen. Diese Debatten setzten sich fort bis zum Kongreß der »Sozialdemokratischen Partei Europas« Anfang März in Mailand. Zum Teil waren die Auseinandersetzungen lautstark, und alles schien mir ziemlich kleinkariert; ich wollte dies hinter mir lassen und konzentrierte mich auf den Kongreß. Danach besuchte ich die Luftwaffe im norditalienischen Piacenza, um Arbeit und Stimmung der dort eingesetzten deutschen Tornado-Piloten besser einschätzen zu können.

26. FEBRUAR 1999

Treffen mit dem Nato-Oberbefehlshaber Wesley Clark in Bonn; das ergänzt die zahlreichen Gespräche und Telefonate mit Javier Solana und anderen Vertretern der Nato. Wesley Clark schildert die Situation. Detaillierte Berichte, gute und von gegenseitiger Unterstützung geprägte Atmosphäre.

Zu diesem Zeitpunkt wurden politische und militärische Überlegungen immer enger verzahnt: Einerseits sollte wachsender militärischer Druck durch die Nato auf Milošević wirken und seiner Regierung unseren politischen Willen und unsere Fähigkeit zum militärischen Handeln deutlich machen; andererseits mußten für den Fall eines erfolgreichen Abschlusses der Verhandlungen sofort Bodentruppen zur Verfügung stehen, die das Verhandlungsergebnis militärisch sichern konnten. Und wir mußten an das wachsende Risiko für die Beobachter der OSZE im Kosovo denken. Es bedurfte sehr sorgfältiger Planung und rascher Entscheidungen – schon wegen der Zeit, die dann für Ausbildung, Aufbau und Verlegung solcher Truppen benötigt würde. Außer im Zusammenhang mit diesen beiden Fällen – einer militärischen Garantie eines Friedensabkommens oder der Rettung von OSZE-Beobachtern – wurde zu dieser Zeit nie der Einsatz von Bodentruppen in Erwägung gezogen – auch wenn wir vom Beginn der Luftangriffe an mit Fragen, Vermutungen und Verdächtigungen konfrontiert wurden, man bereite längst Bodentruppen für einen Einmarsch in Jugoslawien vor.

3. MÄRZ 1999

Die Botschafter Christopher Hill und Wolfgang Petritsch berichteten im Nato-Rat über die Verhandlungen von Rambouillet. Sie waren am 23. Februar zu Ende gegangen, der Vertragsentwurf war von den Kosovo-Albanern im wesentlichen akzeptiert worden. Worauf sich irgendeine Hoffnung gründen sollte, daß sich Milošević wegen der möglichen Zustimmung der Kosovo-Albaner im letzten Moment noch bewegen könnte, erschloß sich mir zu diesem Zeitpunkt nicht. Angesichts der verfahrenen Lage erschien mir auch die Tatsache, daß erstmals ein Vertreter der Europäischen Union im Nato-Rat berichtete, nur als ein Fortschritt, der für die europäische Rolle und Verantwortung in der Nato symbolisch war, aber für die Entwicklung auf dem Balkan noch wenig bedeutete.

8. MÄRZ 1999

London: Konferenz zum 50. Jahrestag des Bestehens der Nato. Zusammentreffen mit Tony Blair. Er wird den Aachener Karlspreis bekommen als Dank für und zugleich als Vorschuß auf seine pro-europäische Politik, auch im Sinne gemeinsamer Außen- und Sicherheitspolitik der Europäer, wie er in Pörtschach bei einem informellen Treffen der Staats- und Regierungschefs der EU im Herbst 1998 unterstrichen hatte.

11. MÄRZ 1999

Ausführliche Gespräche im Ministerium mit Stützle, Kujat, Carstens und anderen. Ich berichte über die Erfahrung bei den Tagungen mit verschiedenen Angehörigen der Bundeswehr und was sich daraus an Leitlinien ergibt.

Ich hatte schon im Januar 1999 gesagt: Wir müssen die Bundeswehr auf die Zukunft ausrichten, ihre Leistungsfähigkeit und Effizienz weiter steigern, ihre Verankerung in der Gesellschaft noch vertiefen und Beiträge für ein sicheres Deutschland leisten. (...) Im Kosovo: keine Neuigkeiten. Meine Erwartungen für die sogenannte Implementierungskonferenz in Paris (sie soll am 15. März beginnen) sind sehr »gemischt«.

Am späten Nachmittag kommt ein Anruf von Peter Struck: Oskar Lafontaine ist zurückgetreten. Meine Reaktion: Scheiße, er kann doch nicht passen, unsere Partei ist doch kein Skat-Club.

Der ganze Tag geriet durcheinander. Der Rücktritt des SPD-Vorsitzenden und Finanzministers würde, so war meine Einschätzung, einige Turbulenzen auslösen, womöglich aber auch befreiend wirken. Ich telefonierte mit Kofi Annan, verschob meine Reise in die USA, fand volles Verständnis und freute mich auf das Zusammentreffen mit ihm. Auch ein Treffen mit Henry Kissinger konnte stattfinden, auf das ich wegen der großen Erfahrung Kissingers und weil ich mit ihm seit längerem gut bekannt war, durchaus Wert legte.

Am Abend und am nächsten Tag fanden einige Gespräche innerhalb der SPD statt. Wir bewerteten die Situation und zogen unsere Schlüsse schnell und einvernehmlich: Gerhard Schröder wurde als SPD-Vorsitzender vorgeschlagen, Hans Eichel sollte Finanzminister werden.

Auf dem Rückflug von Washington: Das Gespräch mit Kofi Annan war in der Sache gut und im Ton herzlich. Wenn er im April nach Deutschland kommt, können wir das Stand-by-Arrangement unter Dach und Fach bringen und damit die Fähigkeit der Vereinten Nationen zur Krisenprävention verbessern, ihre Reaktionsgeschwindigkeit erhöhen und ihre Glaubwürdigkeit stärken. Schön, daß wir so weit vorangekommen sind.

Alle Gespräche in Washington bedeuteten, verglichen mit jenen vom November 1998, schon von der Atmosphäre her einen gewaltigen Fortschritt. Die Regierungen und ihre Mitglieder verstehen sich, das Vertrauen ist ausgeprägt, die Einschätzungen im wesentlichen gemeinsam.

Das Gespräch mit Henry Kissinger in New York und auch die Gespräche in Washington kreisten um den Balkan, das Kosovo und darum, wie eine langfristige vernünftige Strategie aussehen könnte. Kissinger argumentierte vehement gegen ein Eingreifen der Nato, wurde aber nachdenklich angesichts der Informationen, die ich ihm über Massaker, Vertreibung und Mord mitteilte. Er beendete das Gespräch mit dem nachdenklichen Satz, daß die Sache bei Völkermord natürlich anders aussehe.

Das Gespräch wurde in Washington am Rande der trilateralen Kommission fortgesetzt. Meine Rede dort fand Zustimmung, außer bei John Deutch. Der ehemalige CIA-Chef behauptete allen Ernstes, wenn die Europäer eigene Fähigkeiten zum strategischen Lufttransport und zur raumgestützten Aufklärung entwickelten, gefährde das den Zusammenhalt der Nato. Ich argumentierte, das Gegenteil sei der Fall. Gleichberechtigung im Bündnis und eigenständige Fähigkeiten der Europäer stärkten das Bündnis, trügen zu fairer Teilung von Verantwortung und Lasten bei und festigten so den Rückhalt für die Nato auch in den USA. Ich erreichte John Deutch mit diesen Argumenten nicht, wohl aber viele andere.

19. MÄRZ 1999

Die Verhandlungen in Paris scheitern. (…) Telefonate mit Gerhard Schröder und Joschka Fischer. Gibt es noch einen Weg, eine letzte Chance? Womöglich geht Holbrooke noch einmal nach Belgrad. Es besteht Einigkeit: Auch dieser letzte Versuch sollte noch unternommen werden.

Abends eine Rede beim Aspen-Institut in Berlin, dazwischen viele Telefonate. Übermorgen werden wir abends eine »Führungslage« im Verteidigungsministerium mit Bundeskanzler und Außenminister abhalten.

20. MÄRZ 1999

Verbringe den Morgen im Büro; verfolge die Nachrichten vom Abzug der OSZE-Beobachter. Das Risiko ist groß. Ich platze fast vor Wut wegen eines Interviews von Volker Rühe; der Abzug ist noch im Gange, die Beobachter sind noch nicht in Sicherheit, und schon fordert er den Rückzug der zu ihrem Schutz bereitgestellten Truppen. Dieses Interview hat er doch schon am Tag davor gegeben, nun läuft es über die Nachrichten-Ticker. Kein anderes Partnerland in der Nato denkt an solchen Unsinn!

21. MÄRZ 1999

Führungslage: Alle sind sich über den Ernst der Situation im klaren. Daß Kanzler und Außenminister auf die Hardthöhe kamen, demonstriert die gemeinsame Haltung und stärkt denen den Rücken, die bald für die militärischen Operationen unmittelbare Verantwortung tragen werden.

22. MÄRZ 1999

Der Nato-Rat autorisierte den Generalsekretär nun auch zur Auslösung der Phase II der Luftangriffe. Die endgültige Entscheidung sollte nach dem letzten dramatischen Vermittlungsversuch von Richard Holbrooke in Belgrad und seinem Bericht im Nato-Rat erfolgen. Die Reaktionszeit für Luftoperationen wurde in den Nato-Mitgliedsstaaten auf 24 Stunden reduziert. Mit diesen Entscheidungen hatten sich die Nato-Staaten die Möglichkeit offengehalten, je nach politischer Entwicklung und militärischer Lage sofort zu handeln sowie das Konzept eines phasenweise erfolgenden militärischen Angriffs von Anfang an flexibel durchzuführen, also die Phasen I und II notfalls gemeinsam einzuleiten.

Am Abend: Sitzung der Bundesregierung, sehr ernste Gesichter, keine Meinungsverschiedenheiten. Außerdem wird eine Unterrichtung der Fraktionsvorsitzenden am kommenden Tag vereinbart.

23. MÄRZ 1999

Die Gespräche von Richard Holbrooke in Belgrad waren erfolglos geblieben. Milošević hatte im Gespräch jegliche Offensive im Kosovo geleugnet und eine von der Nato geführte Umsetzung eines internationalen Abkommens rundweg abgelehnt. Intern wies der Nato-Generalsekretär den Nato-Oberbefehlshaber zur Durchführung der Luftoperationen an. Im Nato-Rat bestand Übereinstimmung darüber, daß die Extraction Force in Makedonien verbleiben solle; es könne schnell zu einer politischen Lösung kommen, die dann garantiert werden müsse. Die OSZE werde außerdem ihre Mission vermutlich nur unterbrechen; schließlich sei ein Signal der Stabilität für Makedonien wichtig, das um die Sicherheit seiner Grenzen fürchte.

Die Vorsitzenden der Bundestagsfraktionen wurden vom Bundeskanzler, Außenminister und von mir informiert.

Alles Ringen um Einsicht und darum, mit Milošević durch Verhandlungen und Vereinbarungen doch noch die Rechte der Kosovo-Albaner zu schützen, doch noch einen Weg ohne Gewalt zu ebnen, war vergeblich gewesen.

Über erfolgreiche Krisenprävention und wirksames Krisenmanagement

Lange habe ich mich gefragt, warum eigentlich gegenüber Milošević alle Versuche präventiver Politik gescheitert waren und welche Konsequenzen man daraus für die Zukunft ziehen müsse. Der Konflikt um das Kosovo hatte sich über Jahre hinweg entwickelt und zunehmend verschärft. Monatelang war verhandelt worden, begleitet von intensiver, zum Teil verzweifelter Reisediplomatie: Botschafter, Außenminister, Sonderbeauftragte, Delegationen von Staaten oder Parlamenten, Kirchenvertreter und Vertreter internationaler Organisationen waren nach Belgrad gereist, hatten aber Milošević nicht zum Einlenken bewegen können. Mag sein, daß dieser Diktator sich – nach dem Dayton-Abkommen 1995 und der mit ihm verbundenen internationalen Anerkennung – durch die vielen Besucher und Appelle geschmeichelt, aufgewertet, hofiert oder sicher fühlte. Die Vielzahl seiner Gesprächspartner und die unausweichlich damit verbundene unterschiedliche Nuancierung der Botschaften und Erwartungen hat bei Milošević möglicherweise den Eindruck verfestigt, er könnte die internationale Staatengemeinschaft, den Westen und Rußland, die Nato und die Europäische Union gegeneinander ausspielen und damit handlungsunfähig machen. Schließlich waren doch alle politischen Bemühungen und sogar ein wirtschaftliches Embargo gegen Jugoslawien erfolglos geblieben und auch die Verhandlungen von Rambouillet und Paris gescheitert. Wir im Westen wollten die ganze Zeit über die Hoffnung nicht aufgeben, keine militärischen Mittel anwenden zu müssen; Milošević schloß daraus vermutlich nur, daß wir weder willens noch fähig seien, tatsächlich einzugreifen.

Präventive Politik soll Konflikte und ihre Ursachen frühzeitig erkennen und rechtzeitig, schnell und umfassend abbauen, bevor sie eine gefährliche Eigendynamik entwickeln. Das war im Fall des Kosovo über Jahre hinweg versäumt worden. Man fragt sich jedoch, ob präventive Politik gegenüber Milošević überhaupt hätte erfolgreich sein können. Krisenprävention und nicht-militärisches Krisenmanagement finden ihre Grenze in der Skrupellosigkeit, mit der Diktatoren wie Milošević internationales Recht, menschliche Rechte und die Lebensinteressen der eigenen Bevölkerung mit Füßen treten. Womöglich haben wir uns so etwas in Europa nicht mehr vorstellen können angesichts der Fortschritte, ja historischen Umwälzungen der jüngeren Vergangenheit: Die Ost-West-Konfrontation ist weggefallen, das Risiko des großen, gar atomaren Kriegs erheblich vermindert. Die Chancen zur Erweiterung der Europäischen Union werden genutzt. Die gemeinsame Sicherheit zwischen Europa und Amerika wird durch Verträge, Kooperation und Partnerschaften, durch wirtschaftlichen Austausch und das gemeinsame militärische Bündnis der Nato gefestigt.
All das wirkt sich auch in Deutschland aus. Beispielsweise waren 1990 noch 1,5 Millionen Soldaten in Deutschland stationiert, jetzt sind es weniger als 500 000. Die Bun-

deswehr umfaßte nach der Wiedervereinigung rund 700 000 Soldaten, heute sind es deutlich weniger als die Hälfte. In den achtziger Jahren wendeten wir fast drei Prozent unserer wirtschaftlichen Gesamtleistung für die Verteidigung auf, heute sind diese Ausgaben um die Hälfte auf 1,5 Prozent des Bruttoinlandsprodukts gesunken – das ergibt für Deutschland eine Friedensdividende von über vierzig Milliarden Mark im Jahr.

Auch international kamen Abrüstung und Rüstungskontrolle entscheidend voran. Die Nato hat ihr militärisches Potential in Europa drastisch verringert, Atomwaffen in Europa um mehr als 85 Prozent reduziert, chemische Waffen geächtet. Letztere sind im Westen bereits verschwunden, und im Osten werden sie hoffentlich bald abgerüstet sein. Die Konferenz zur Begrenzung konventioneller Streitkräfte in Europa macht Fortschritte, Verhandlungen über weitere Reduzierungen des atomaren Waffenarsenals signalisieren den Willen zu Abrüstung und Rüstungskontrolle.

Nach der Überwindung der künstlichen Teilung Europas besteht die historische Chance zu einer umfassenden europäischen Friedensordnung. Ihr stehen jedoch auch ungelöste Probleme sowie völlig neue und erweiterte Risiken gegenüber. Rußland hat beispielsweise nach wie vor nicht den Vertrag zur Begrenzung der strategischen Atomwaffen (Start II) ratifiziert, die Abrüstung seiner etwa 6 000 taktischen Atomwaffen ist weiter offen, die Abrüstung der chemischen Waffen unvollständig. Politisch instabile Länder an den Rändern Europas und des Nordatlantischen Bündnisses rüsten nicht ab, sondern auf. Sie besitzen biologische, chemische und möglicherweise auch atomare Massenvernichtungswaffen und verbreiten sie.

Im Süden entwickeln sich neue Krisenherde aus religiösem Fanatismus, aus ethnischem Haß, aus Not und Unterdrückung durch politische Willkür der Regime. Wenn religiöser Fanatismus oder ethnischer Haß die Politik eines Staates beherrschen und der daraus erwachsende Terror Rückhalt und eine logistische Basis findet, eskalieren die Bedrohungen und fordern uns politisch, ökonomisch, kulturell und moralisch heraus. Reichlich Sprengstoff für schwerwiegende Konflikte liegt auch in ökologischen Problemstellungen und Krisen: Beispielsweise spielt im Nahen Osten das Ringen um die Ressource Wasser eine entscheidende Rolle. Mit Wasser steigen und fallen die Chancen auf eine rentable Bewirtschaftung der Felder und eine gesicherte Ernährung der Bevölkerung und damit auf ein halbwegs menschenwürdiges Leben. Ich fürchte, dieses Problem wird uns in vielen Regionen der Welt zunehmend begegnen.

Frieden und Freiheit können heute also nicht allein militärisch geschützt werden. Freiheit, Sicherheit und Stabilität können wir weniger denn je ausschließlich militärisch definieren und auch weniger denn je geographisch eingrenzen. Wer die neuen Konflikte lösen will, muß ihre immer vielfältigeren Ursachen einbeziehen und ein umfassenderes Verständnis von Sicherheit entwickeln.

In diesem Zusammenhang gewinnen Krisenprävention und Krisenmanagement – ein integriertes Zusammenwirken von ökonomischer und sozialer, von kultureller und diplomatischer, von kooperativer und auch auf Verteidigungsfähigkeit gründender Politik – immer mehr an Bedeutung. Insofern verteidigen Demokratien nicht allein ihr Territorium, sondern auch ihre Interessen und Werte. Manche sehen eine Kluft zwischen Realpolitik und an Werten orientierter Außenpolitik. Das halte ich für eine grobe und gefährliche Vereinfachung. Eine solche Behauptung diskreditiert die Außenpolitik demokratischer Staaten und übersieht zumindest die für Außen- und Sicherheitspolitik unverzichtbare demokratische Legitimation und öffentliche Überzeugung. Selbstverständlich verfolgen Staaten Interessen. Wollen wir aber unsere eigenen menschlichen Überzeugungen, Werte und Rechte nicht mißachten, dann kann sich die »Realpolitik« nicht völlig unabhängig von ihnen entwickeln.

Das hat natürlich schwierige, ja schmerzhafte Abwägungen zur Folge: Der Anspruch der Menschenrechte ist zwar universell, dennoch verbindet sich mit ihm keine moralische Allmachtsphantasie, und niemand von uns kann umhin, die Reichweite seiner Möglichkeiten zu prüfen und verantwortlich zu entscheiden, welche Prioritäten er setzen will.

»Am Extremfall zeigt sich die quälende Ausweglosigkeit, mit der es jede Ethik der Verantwortung heute zu tun hat.« Ob es um Hungerhilfe oder um politische und militärische Intervention geht, die Vertreibung oder Elendsmigration verhindern sollen – diese Entscheidung muß nicht, wie Hans Magnus Enzensberger in seinem 1993 erschienenen Buch *Aussichten auf den Bürgerkrieg* schrieb, in der »Logik der Triage« enden, also in dem Zwang, dem einen zu helfen und dem anderen nicht. Er schrieb damals: »(…) und bevor wir den verfeindeten Bosniern in den Arm fallen, müssen wir den Bürgerkrieg im eigenen Land austrocknen.«

Eine solche Haltung teile ich nicht, denn die herkömmliche Trennung zwischen innen und außen taugt im zusammenwachsenden Europa nur noch eingeschränkt, zumal in Deutschland.

In unserem Land leben über zwei Millionen Menschen türkischer Abstammung und rund 800 000 Menschen jugoslawischer Abstammung. Ein türkischer Wahlkampf oder ein Krieg auf dem Balkan hat Rückwirkungen auf die innere Verfassung unseres Gemeinwesens. Das ändert nichts an den durch Recht und Gesetz geregelten Verantwortlichkeiten für die innere und äußere Sicherheit unseres Landes. Deshalb sind nach meiner Auffassung gemeinschaftliches bürgerliches Engagement gegen Fremdenhaß im Innern, notfalls unterstützt von Polizei und Justiz, und präventive Politik gegen ethnischen Haß und seine verbrecherischen Auswirkungen im gemeinsamen Europa, notfalls unterstützt von militärischen Maßnahmen, zwei Seiten der gleichen Medaille.

Wir sollten also Krisen dort entgegentreten, wo sie entstehen, und nicht tatenlos zusehen, bis die Folgen für die eigene Sicherheit, die eigenen Interessen und Wertvorstellungen unausweichlich sind.

Erst das Ende des Ost-West-Konflikts hat uns diese Möglichkeit des unmittelbaren Krisenmanagements eröffnet. Mir bleibt schmerzlich in Erinnerung, wie wir die Reformer des Prager Frühlings oder die Bürgerrechtler der polnischen Solidarnoší zwar durch Worte und persönliche Hilfe ermutigten, aber nicht umfassend und durch Taten direkt unterstützen konnten.

Heute können wir die Vielzahl der internationalen Institutionen und das Maß der internationalen Verflechtung, besonders zwischen Europa und den USA, nutzen – zu wachsender Zusammenarbeit und zur Herausbildung

einer gemeinsamen Sicherheitsstrategie. Die Europäische
Union und die Nordatlantische Allianz, die Westeuropäische Union und der Europarat, die OSZE und OECD,
die Staaten der G8 und viele andere internationale Institutionen haben eine gemeinsame Grundlage in der Charta der Vereinten Nationen, in entsprechenden Konven-
tionen, in der Schlußakte von Helsinki und nicht zuletzt
der universellen Erklärung der Menschenrechte – und das
ist ihre besondere Stärke. Jede dieser Organisationen
kann einen spezifischen Beitrag zur euro-atlantischen
Sicherheit, zum Aufbau einer europäischen Friedensordnung und zur Beherrschung der Risiken an der Periphe-
rie des euro-atlantischen Raumes leisten.

Wir sollten nicht vergessen: Nordamerika und Europa
sind bisher die einzig stabilen demokratischen Regionen
der Welt – hervorgegangen aus einem gemeinsamen Verständnis von Würde und Rechten des Menschen, vereint
durch die Erfahrungen im Kampf um Freiheits- und Bür-
gerrechte. Europa und die USA verbindet eine gemeinsame Verfassungstradition, aber auch die schreckliche
Erfahrung, daß Freiheit zerstört werden kann, wie nationalistische Überheblichkeit, fremdenfeindlicher Haß und
totalitäre Machtpolitik Völker gegeneinander hetzen und
Millionen Menschen das Leben kosten können.

Europa ist ein einzigartiges Beispiel politischen Lernens
aus historischen Katastrophen, aber auch ein einzigartiges Beispiel menschlicher Zivilisation, in dem politische
Freiheit mit Rechtsstaatlichkeit, individuelle Entfaltung
mit gemeinschaftlicher Verantwortung, wirtschaftliche
Kraft mit sozialem Empfinden, Bewältigung von gegen-
wärtigen Herausforderungen mit kluger Vorsorge für die
Zukunft verbunden sind. Was im Westen Europas den

Frieden sichert, kann und soll für unseren gesamten Kontinent fruchtbar werden. Das ist die langfristig beste Vorbeugung gegen Krisen. Das europäische Beispiel der regionalen Integration hat in Nord- und Südamerika, zum Teil auch in Asien und Afrika Nachahmung gefunden. Europa hat, ob manche seiner Bürgerinnen und Bürger es wollen oder nicht, in diesem Sinne weltweite Verantwortung. Bleibt die Frage, ob wir als Europäer auch den Willen und die Fähigkeiten haben, dieser weltweiten Verantwortung gerecht zu werden. Die Konflikte und Kriege auf dem Balkan zeigen jedenfalls, daß es in der Vergangenheit an Willen und Fähigkeiten fehlte, wenigstens den Herausforderungen im gemeinsamen europäischen Haus zu begegnen.

Das Fehlen einer gemeinsamen Politik hat sich am gescheiterten wirtschaftlichen Embargo gegen Jugoslawien im letzten Jahrzehnt exemplarisch gezeigt. Die wirtschaftlichen Schäden, die Rumänien, Bulgarien, Makedonien und anderen Ländern durch das Embargo entstanden sind, gefährden die Zustimmung der dortigen Bevölkerung zu einer marktwirtschaftlich fundierten Demokratie. Viele Unternehmen (nicht zu reden von mafiösen Wirtschaftsclans) unterliefen das Embargo. Manche Staaten wollten, andere konnten dagegen nicht vorgehen.

Diese Erfahrungen zeigen deutlich, wie wichtig eine gemeinsame Linie ist und daß Krisenprävention und Krisenmanagement breite und aufeinander abgestimmte Handlungsmöglichkeiten erfordern: in politischer, ökonomischer, kultureller, sozialer, ökologischer und letztendlich militärischer Hinsicht.

Jede präventive Politik bedarf einer glaubwürdigen Fähigkeit zur Verteidigung und zum Krisenmanagement.

Milošević und andere seines Schlags lassen sich nicht durch Diplomatie und Politik, an Bedingungen geknüpfte wirtschaftliche Kooperation oder »verbale Beiträge« von ihrer menschenverachtenden Politik abhalten. Wenn religiöser Fanatismus oder ethnischer Haß Staaten regiert, muß man ihnen sicher und fest entgegentreten können, falls alle anderen Möglichkeiten – politische und diplomatische Dialoge zwischen Religionen und Kulturen, die Mobilisierung wirtschaftlicher Interessen, Hilfestellung bei ökologischen Krisen – ohne Erfolg bleiben. Ohne glaubwürdige sicherheitspolitische Fähigkeiten gerät präventive Politik schnell zur gutgemeinten Illusion. Und umgekehrt: Wer sich nur auf militärische Fähigkeiten verläßt, erliegt einer trügerischen Sicherheit.

Modernen Krisen liegen zunehmend komplexe Ursachen zugrunde. Präventive Maßnahmen verlangen deshalb zuallererst eine frühzeitige und zuverlässige Analyse der Situation. Dafür braucht man übrigens auch die den Europäern bis heute fehlenden Fähigkeiten der Aufklärung. Auf der Basis einer sorgfältigen Analyse muß dann ein einheitliches und effektives Konzept für eine tragfähige politische Lösung – unter Einschluß aller Handlungsfelder und politischen Akteure – entwickelt werden. Ohne dieses Konzept wäre die Anwendung militärischer Macht wirkungslos – in meinen Augen sogar kontraproduktiv. Entscheidende Erfolgsfaktoren sind zudem ein gemeinsam und langfristig gesetztes Ziel, eine klare Zuweisung von Verantwortlichkeiten und die Umsetzung gemeinsamer Maßnahmen in einer einzigen Hand.

Im Kosovo sollte die Nato ihre Fähigkeit zu solchem Vorgehen beweisen – auch in den Wochen des Kriegs und beim Stabilitätspakt zum Wiederaufbau. Neunzehn Mitgliedstaaten würden in Konsultationen eine gemeinsame Strategie erarbeiten, militärische Maßnahmen durchführen und am Ende durch ihre Entschlossenheit das Morden und die Vertreibung auf dem Balkan beenden können.

Krieg im Kosovo und die Doppelstrategie aus politischen und militärischen Maßnahmen

25. MÄRZ 1999

Lagebesprechung, Pressekonferenz, dann mit Stützle reden: politische Entwicklung; Kommission (Vertraulichkeit wegen Mitgliedern, Richard von Weizsäcker); Termine (ZDF/Eser und ARD/Christiansen?); Shape?...

Diese knappe Notiz hatte ich mir an diesem ersten Tag nach dem Beginn der Luftangriffe auf Jugoslawien gemacht, nicht mehr. Der Tag war zu vollgepackt mit Ereignissen, die in manchen Dingen Klarheit brachten.

Frühmorgens war ich (nach sehr kurzer Nacht) wieder ins Ministerium gefahren. Die Fraktionen des Bundestags hatten – mit Rücksicht auf die Anwesenheit von Kanzler und Außenminister beim Europäischen Rat in Berlin – vereinbart, an diesem Donnerstag solle der Präsident des Bundestags lediglich eine kurze Erklärung abgeben, am darauffolgenden Freitag dann eine Regierungserklärung mit Debatte folgen. Auf dem Weg zur Bundestagssitzung rief mich unser Fraktionsgeschäftsführer an und vermutete, daß es nach der Erklärung von Wolfgang Thierse wohl noch eine Geschäftsordnungsdebatte geben könnte. So kam es. Als dann Gregor Gysi (wie ein Winkeladvokat) und Hans-Christian Ströbele (aufgeregt und empört mit seinen Grünen hadernd) gesprochen hatten, erläuterte ich kurz die Politik der Bundesregierung und leitete eine Debatte des Bundestags ein.

Sie zeigte, daß es eine breite Unterstützung für die Maßnahmen der Nato und die Politik der Regierung gab. Allerdings war schwer einzuschätzen, ob nicht Teile der Union auch taktische Scheindebatten führen könnten (beispielsweise vor dem Einsatz von Bodentruppen warnen und der Regierung damit indirekt unterstellen, dort denke man bereits an eine solche Entscheidung – ohne zu bedenken, wie sehr diese öffentliche Debatte unser Vorgehen auch für Milošević und seine Militärs kalkulierbar machte). Teile der Grünen, auch das war sofort klar, würden immer wieder ein sofortiges und bedingungsloses Ende der militärischen Maßnahmen, zumindest aber ihre Unterbrechung, fordern und dabei ausblenden, daß alle politischen, diplomatischen und wirtschaftlichen Bemühungen zur Lösung des Konflikts gescheitert waren, so daß es jetzt auf tägliches Abwägen zwischen politischen Möglichkeiten, militärischen Maßnahmen und humanitärer Hilfe ankam.

Nach der Debatte hielten die Fraktionen Sondersitzungen ab. Die Sitzung meiner Fraktion verließ ich mit dem guten Gefühl starken und ungeteilten Rückhalts. Deshalb schmunzelte ich, als am Ende der Sitzung der CDU/CSU-Fraktion (dort hatte ich einen Bericht gegeben) mir deren Vorsitzender Wolfgang Schäuble überall so viel Unterstützung wünschte wie bei den Christdemokraten. Dem folgte eine Information des FDP-Fraktionsvorstands; mit der Fraktion unseres Koalitionspartners hatte ich schon zuvor gesprochen.

Die Führungslage im Verteidigungsministerium zeigte deutlich, daß die Brutalität des Terrors, der Vertreibung und des Mordens im Kosovo zunahm. Außerdem mußten wir uns auf eine dauerhafte Desinformation durch Jugoslawien einstellen. In der Nacht waren drei jugoslawische MIG 29 abgeschossen worden. Die Nato gab solche Informationen erst nach Verifizierung und am Nachmittag in ihren Pressekonferenzen bekannt. Über den Tag entstanden unkommentiert Gerüchte, es sei ein Nato-Flugzeug abgeschossen worden. Tatsächlich mußte eine Nato-Maschine – wegen technischer Probleme, wie wir wußten – in Sarajevo notlanden. Das bekanntzugeben war aber Sache der Nato.

Zugleich bekam ich erste Hinweise auf fingierte Anrufe bei Familien von Soldaten, die in Makedonien stationiert waren, mit der so unwahren wie skrupellosen Behauptung, da rufe eine Dienststelle der Bundeswehr an und müsse leider mitteilen, daß der Ehemann (oder Sohn) getötet worden sei. Desinformation über die militärische Situation, lügnerische Gewissenlosigkeit und berechtigte Sorgen unter den Familienangehörigen, all das sollte in den kommenden Wochen nicht nur den Zentren für die Betreuung der Familien der eingesetzten Soldaten viel abverlangen, aber noch viel mehr den Soldaten und ihren Angehörigen selbst.

Schon in der ersten Pressekonferenz am 24. März und dann immer häufiger tauchte in der öffentlichen Debatte die Frage auf, wie lange die Luftangriffe dauern und

wann sie Wirkung zeigen würden. Ich verwies regelmäßig
darauf, daß es um das politische Ziel gehe, den wegen
ihrer Abstammung bedrohten Menschen zu helfen, nicht
um irgendwelche Zeittafeln: »Die militärischen Aktivitäten der Nato dienen einem politischen Ziel, nämlich der
Abwendung einer humanitären Katastrophe beziehungsweise der Verhinderung ihres weiteren Anwachsens. Die
Schlüssel zu einer Beendigung der militärischen Maßnahmen liegen in Belgrad, und in dem Augenblick, in dem
von der Regierung Milošević ein klares Signal dafür
kommt, daß im Kosovo die Unterdrückung der Bevölkerung und ihre Vertreibung beendet werden und daß eine
Bereitschaft besteht, ein ziviles Abkommen zu unterzeichnen und seine Implementierung auch tatsächlich zu
garantieren, kann man die militärischen Maßnahmen
beenden.« Immer wieder habe ich mich in diesem Sinn
geäußert und bewußt von einem zivilen Abkommen
gesprochen, ohne auf die Verhandlungen von Rambouillet oder Paris Bezug zu nehmen. Denn es war mir wichtig, in aller Klarheit auf Voraussetzungen hinzuweisen,
unter denen die Luftangriffe beendet werden könnten.
Darüber waren der Kanzler, der Außenminister und ich
uns einig. Zu jeder Zeit betonten wir, daß die militärischen Maßnahmen ein politisches und ein humanitäres
Ziel hatten. Ebenso machten wir von Anfang an deutlich,
daß es für ein Ende der Angriffe klare Bedingungen gab
und daß diese von Milošević zu erfüllen waren. Denn
schon die Debatte im Bundestag und die Fragen – nicht
nur von Journalisten – hatten gezeigt, daß spätestens vor
den Ostertagen Forderungen über eine Pause in den Luftangriffen aufkommen würden.

Die russische Reaktion war – wie erwartet – scharf und in den Worten hart, sie ließ Möglichkeiten einer politischen und diplomatischen Eskalation offen. »Aber«, sagte ich gegenüber der Presse, »ich bleibe bei der Einschätzung, daß Rußland so wie wir ein überragendes Interesse an Kooperation hat und daß die aktuellen Schwierigkeiten, die auftreten, am Ende von diesem Interesse an Kooperation in Europa überragt werden.«

Am Vortag hatte sich der Weltsicherheitsrat der Vereinten Nationen in einer Dringlichkeitssitzung mit den Luftangriffen der Nato befaßt. Rußland, China und Namibia hatten sich gegen die Nato und ihre Maßnahmen ausgesprochen, die zwölf anderen Staaten hatten (mehr oder weniger deutlich) die Nato unterstützt. Das könnte zwar Fragen zu den Entscheidungsmodalitäten der UN und dem Veto-Recht im Weltsicherheitsrat aufwerfen. Entscheidend für die kommenden Wochen würde aber bleiben, die russische Rolle in europäischen und weltweiten Fragen zu betonen und darauf hinzuwirken, daß Rußland seine Interessen nicht auf Dauer an Milošević kettete. Auch wenn wir während der Verhandlungen von Rambouillet und Paris andere Erfahrungen gemacht hatten, schien mir diese Einschätzung realistisch – und im übrigen ohne Alternative, denn nur mit Rußland würde es zu einem Mandat des Weltsicherheitsrats kommen. Die Möglichkeit eines Abkommens hielt ich persönlich seit Beginn der Luftangriffe und angesichts der mörderischen Vertreibungspolitik von Milošević für unrealistisch.

26. MÄRZ 1999

Mitten in der Nacht: Anruf und Nachricht, daß die vier eingesetzten Tornados sicher zurück sind. Rauchend am Schreibtisch; Rußland will eine Sitzung der Kontaktgruppe; ein Manöver? Rückkehr zur Kooperation? Eine klare Linie ist im Moskauer Verhalten bisher nicht zu erkennen. Belgrad trickst, bricht die Beziehung zu den USA, Großbritannien, Frankreich und Deutschland ab, und gleichzeitig fordert der jugoslawische Außenminister Jovanović im französischen Fernsehen, Frankreich solle sich nicht mehr an den Maßnahmen der Nato beteiligen. Die wissen in Belgrad offenbar nichts von der klaren (vor allem intern) harten Haltung Frankreichs.

Ich hatte veranlaßt, daß ich jederzeit und auch nachts per Telefon über die wesentlichen Ereignisse und über das Schicksal der deutschen Tornado-Piloten informiert werde. In zahlreichen Telefonaten hielt ich außerdem Kontakt mit Bill Cohen, George Robertson, Alain Richard und Carlo Scognamiglio, also den Kollegen in den westlichen Staaten der Kontaktgruppe, und mit anderen europäischen Kollegen.

27. MÄRZ 1999

Lage: Einige Informationen zur serbisch-jugoslawischen Präsenz im Kosovo (40 000 Mann, über 300 Panzer usw.; also weit über den Grenzen, die im Oktober 1998 ver-

einbart worden waren). Erste verdichtete Hinweise auf massive Brutalitäten, vor allem gegen Intellektuelle. Besorgnis wegen des Versuchs der jugoslawischen Luftwaffe, mit zwei MIG 29 in Bosnien einzudringen, beide Maschinen wurden abgeschossen.

Prüfen: Gibt es auch Eskalationsrisiken wegen Makedonien? Wetter: verdammt trübe Aussichten. Das schlechte Wetter wird die Luftangriffe beeinträchtigen, die militärischen Maßnahmen verzögern und damit Politik und öffentliche Meinung angesichts des starken Erwartungsdrucks (schnelle Erfolge und rasches Einlenken einerseits, Pause oder Einstellen der Luftangriffe andererseits) belasten.

Pressekonferenz: Ich berichtete von dem Verdacht, daß 21 albanische Lehrer vor den Augen ihrer Schüler erschossen, die Kinder danach vertrieben wurden. Am Nachmittag kommen weitere Informationen zur humanitären Lage: Es ist scheußlich! Dann Anruf von Walther Stützle wegen Nato-Rat: offenbar beginnt dort hinter den Kulissen eine Debatte darüber, ob man Ziele aus Phase III vorziehen und dadurch den Druck auf Belgrad erhöhen soll. Ich werde das bei dem geplanten Besuch in der Kommandozentrale der Nato ansprechen.

Die Informationen über das Schicksal der Menschen im Kosovo wurden von Tag zu Tag schrecklicher. Über eine längere Zeit erhielten wir Informationen durch die Berichte der Vertriebenen, aber auch aus Telefonaten, die verzweifelte Menschen im Kosovo mit Verwandten im Ausland führten. Ich war unsicher, wie sich das auf die öffentliche Meinung auswirken werde. Die Europäische Union hatte auf das Mandat des Internationalen Jugoslawien-Tribunals hingewiesen und betont, daß niemand glauben solle, die »derzeitige Ungewißheit im Kosovo« sei »ein Deckmantel (...), unter dessen Schutz schwerwiegende Verbrechen begangen werden können«. Mir war das angesichts der täglich schlimmer werdenden Nachrichten zuwenig, richtig zwar, aber zu undeutlich. Nach der Konvention der Vereinten Nationen gegen den Völkermord war klar: Im Kosovo wird Völkermord nicht nur vorbereitet, sondern ist eigentlich schon im Gange. Die Kriterien, die die Konvention nennt, decken sich erschreckend eindeutig mit den Geschehnissen im Kosovo: die Vorbereitungen, beispielsweise durch das Auswechseln des ehemaligen Generalstabschefs der jugoslawischen Armee, Ilja Perišić, der sich geweigert hatte, Soldaten gegen die Zivilbevölkerung einzusetzen; die Brutalitäten der sogenannten »Spezialpolizei« und erste Hinweise auf paramilitärische Verbände, die schon in Bosnien geplündert, vergewaltigt und gemordet hatten; die Morde an Journalisten, Lehrern, Geistlichen und die zunehmende Vertreibung; die Aufforderung an im Kosovo wohnende Serben, ihre Wohnungen oder Häuser zum eigenen Schutz mit einem »S« zu kennzeichnen.

Kein Zweifel, die Kriterien, mit denen die UN-Konvention den Völkermord definiert, waren erfüllt. Dennoch blieb ich unsicher, ob ich die Gelegenheit von zwei Fernsehauftritten am Sonntag nutzen und auf Völkermord hinweisen sollte. Würde das nicht – kurz nach dem Beginn der Luftangriffe – als völlige Übertreibung aufgefaßt? Wie könnte ich die Lücke zwischen meiner internen und der öffentlichen Information schließen?

Abends endlich mal private Gespräche: Aber auch im Kreis der Freunde kamen wir nicht los vom Kosovo. Ich habe einiges erzählt: Mir wird übel bei dem Gedanken, was dort geschieht, jeden Tag, jede Nacht. Werde das morgen doch (im Fernsehen) ansprechen, getreu dem Lassalle-Satz, wonach alle Politik damit beginnt, auszusprechen, was ist.

28. MÄRZ 1999

In der Nato wurden der Generalsekretär und der Oberbefehlshaber ermächtigt, gegen Jugoslawien die Luftangriffe weiter zu verstärken. In der internen Lage im Verteidigungsministerium hatten wir erörtert, welche Konsequenzen das nach sich zieht. Die Zahl der Flugzeuge wird stetig erhöht werden (aber nicht die Zahl der ECR-Tornados, die gegen feindliches Radar und damit zum Schutz der alliierten Flugzeuge eingesetzt werden); von den Piloten und Maschinen unserer Luftwaffe sind womöglich mehr Flüge als bisher zu leisten; die Zahl der Ziele wird erhöht, so daß die Angriffe gegen die Kommandozentralen und die Luftabwehr Jugoslawiens erweitert werden auf Ziele im Kosovo, die Verbindungswege dorthin, auf Kasernen und Panzer oder andere Stellungen sowie den Nachschub zum Beispiel an Munition und Treibstoff.

Ersten Überlegungen, schon jetzt Ziele in Belgrad aus der sogenannten Phase III anzugreifen, trat ich mit Blick auf die internen Beratungen der Nato entgegen: dazu bestehe noch keine militärische Notwendigkeit, das politische Risiko, auch wegen möglicher ziviler Schäden, sei zu hoch, die politische Möglichkeit des Androhens und der Durchführung verstärkter Angriffe (militärisch gesprochen: die Eskalationsdominanz) müsse erhalten bleiben; deshalb könne man gegebenenfalls einzelne Ziele aus dieser Phase III zu einem späteren Zeitpunkt in die Luftangriffe einbeziehen. Diese Auffassung setzte sich durch.

Die Nachrichten aus dem Kosovo selbst wurden immer bedrückender. Durch den schmalen Korridor von Goražde sind an einem Tag etwa 3000 Menschen aus Jugoslawien und dem Kosovo nach Bosnien-Herzegowina geflohen. Schon vor dem Abzug der OSZE-Beobachter waren im Kosovo mindestens 250000, wahrscheinlich deutlich mehr Vertriebene auf der Flucht. Allein am zurückliegenden Wochenende hatten mehr als 20000 Menschen das Kosovo verlassen. Die Situation glich jener vom Oktober 1998, als die Nato Luftangriffe angedroht hatte. Nun war diese Drohung wahr gemacht worden.

Am Nachmittag hatte ich mir notiert:
Gestriger Kreisparteitag der SPD Rhein-Neckar, sehr ernste Stimmung. Die große Zustimmung überrascht mich, weniger wegen meiner Darstellung von Grundlinien sozialdemokratischer Regierungspolitik, sondern mehr wegen der Unterstützung unserer Politik im Kosovo. Hatte leider ganz wenig Zeit; kurzer Austausch mit Gert Weißkirchen, der die Ziele teilt und den die gleichen Skrupel bewegen. Aber: Es gibt keine Alternative, Wegschauen wäre verantwortungslos, der ganze Balkan würde zum gefährlichen Konfliktherd, jeder politische Verbrecher würde ermutigt, die innenpolitischen Folgen (Flüchtlinge) würden uns sofort einholen, das Bündnis wäre beschädigt, Europa vor allem. Der russische Ministerpräsident Primakov wird nach Belgrad reisen. Das ist gut gemeint, aber zu früh. Rechne nicht mit Einlenken Belgrads.

Das Gespräch mit dem makedonischen Außenminister Alexander Dimitrov macht deutlich: Makedonien wird den Flüchtlingsstrom nicht mehr lange bewältigen können. Der Druck in der zerbrechlichen Koalitionsregierung Makedoniens wächst. Auf dem gemeinsamen Flug nach Brüssel versuche ich Dimitrov zu überzeugen, daß Makedonien über die Sicherheitsgarantien der Nato hinaus direkte Hilfe zur Bewältigung der Flüchtlingsfrage erhalten wird.

Zuvor: In der militärischen Führungslage auf der Hardthöhe war noch einmal über den Abschuß einer amerikanischen F-117 gesprochen worden. Der Pilot hatte sich mit dem Fallschirm gerettet und war nach rund sechs Stunden von einem Rettungsteam aus Jugoslawien herausgeholt worden.

Die Nato hatte entschieden, daß von jetzt an immer stärker Ziele aus der Phase II der geplanten Operationen angegriffen werden.

Die Lage der Menschen im Kosovo wird immer dramatischer. Wir können ihnen dort nicht helfen, nur denen, die nach Albanien und Makedonien fliehen. Was die Flüchtlinge erzählen, ist grauenhaft, zum Verzweifeln. Ich habe entschieden, daß unsere Fachleute die Flüchtlinge befragen und Hinweise auf Kriegsverbrechen, Grausamkeiten und entsetzliche Brutalitäten systematisch zusammentragen und auswerten.

Die Operationsplanung der Nato (von den Militärs vorbereitet, im Nato-Rat von allen Mitgliedstaaten beschlossen) sah vor, zunächst 50 Prozent der Luftangriffe auf militärische Liegenschaften zu konzentrieren, weitere 30 Prozent auf Fernmeldeeinrichtungen und die übrigen 20 Prozent auf Versorgungseinrichtungen. Von den Fernmeldeeinrichtungen würden etwa 70 Prozent im Kosovo und etwa 30 Prozent südlich von Belgrad und dem 44. Breitengrad liegen. Dazu standen anfangs für die Luftangriffe 260 Flugzeuge zur Verfügung. Von ihnen wurden etwa 40 Prozent zur Aufklärung, zur Unterdrückung der gegnerischen Luftabwehr und zum Schutz der eigenen Flugzeuge sowie als Tankflugzeuge eingesetzt. Ein deutscher Tornado-Einsatz zur Bekämpfung der gegnerischen Luftabwehr und zum Schutz der übrigen Nato-Flugzeuge startete beispielsweise in Piacenza (Italien) und dauerte dann zwischen fünf und sieben Stunden. An der Spitze eines Verbandes zu fliegen, gegnerische Luftabwehr auszumachen, zu unterdrücken und zu bekämpfen, war enorm gefährlich. Diese Flüge waren für die Piloten eine ganz erhebliche körperliche und seelische Belastung. Meine Gespräche mit den Piloten zeigten mir, daß sie ihren Auftrag mit großem Selbstbewußtsein und höchster Professionalität erfüllten. Anspannung und Belastung, erzählten sie, fielen im Augenblick des Starts von ihnen ab. Vorher und auch wieder nach der Landung sei das allerdings ganz anders …

Angesichts der Gefahren und der Belastungen solcher Einsätze erscheint die militärische, planerische und logistische Leistung gering. Sie ist aber Voraussetzung dafür, daß die Starts und Landungen von einigen hundert Flugzeugen auf vierzehn Flugplätzen in Italien und einer ebenso großen Zahl von Flugplätzen außerhalb Italiens koordiniert und erfolgreich durchgeführt werden konnten. Bei meinem abendlichen Gespräch im Nato-Hauptquartier bestand Übereinstimmung, daß die Zahl der Flugzeuge sich kontinuierlich erhöhen sollte und damit auch der Druck auf das jugoslawische Militär und die Verbrecherbanden, die das blutige Werk Miloševićs im Kosovo vollenden wollten.

Joschka Fischer hatte am gleichen Tag die Berichte über ethnische Säuberungen und Vertreibungen im Kosovo einen Akt barbarischer Kriegführung und in ihrem Ausmaß schockierend genannt: »Die Art, wie in Belgrad versucht wird, blutige Fakten zu schaffen, ist nicht hinzunehmen.«

Die öffentliche Diskussion über den Einsatz von Bodentruppen wurde angesichts der schrecklichen Bilder aus dem Kosovo und vor allem der wachsenden Zahl von Flüchtlingen stärker. Die Haltung der Bundesregierung zum Einsatz von Bodentruppen hatte sich nicht verändert. Im übrigen, und das wußten wir viel genauer, als wir es öffentlich darstellen konnten, standen dem Einsatz von Bodentruppen von Anfang an nicht nur eine politische Entscheidung entgegen, sondern auch militärische und logistische Grenzen. Zur Aufstellung der Truppen hätte man mehrere Monate gebraucht – es blieb offen, ob die Mitgliedstaaten überhaupt in der Lage gewesen wären, in relativ kurzer Zeit rund 200 000 Soldaten oder sogar mehr aufzustellen und – in welchen Staaten auch immer – zu stationieren und auf dem Balkan zum Einsatz zu bringen. Alle, die über Bodentruppen diskutierten, übersahen, daß die monatelange Vorbereitung von

Bodentruppen auch monatelange Luftangriffe bedeutet hätte.

Zusätzlich in unserem Kurs bestätigt fühlten wir uns durch eine erste Umfrage. Danach unterstützten fast 63 Prozent der deutschen Bevölkerung das militärische Eingreifen der Nato im Kosovo.

30. MÄRZ 1999

Die Zahl der Flüchtlinge wächst. Allein nach Albanien sind gestern rund 60 000 Menschen vertrieben worden, ein Alptraum. (…) Die Nato hatte, auch um die Vertreibung zu erschweren, gestern eine »besondere Bekämpfungszone« im Grenzbereich zu Albanien und zu Makedonien eingerichtet. Dort sollen militärische Ziele schwerpunktmäßig bekämpft werden, auch um die weitere Vertreibung der Menschen aus dem Kosovo zu erschweren.

Abends im Kanzleramt: Der Bundeskanzler redete mit Primakov, der Außenminister mit seinem Kollegen Iwanow, ich mit meinem russischen Kollegen Sergejew. Die Gespräche sind ernst und frustrierend. Unsere russischen Gesprächspartner haben aus Belgrad nichts mitgebracht, was die Rückkehr der Flüchtlinge, internationale Garantien für ihre Sicherheit, ein Ende der Vertreibung und eine dauerhafte Garantie für die Rechte der Menschen und Minderheiten im Kosovo bedeuten würde.

Später ist öffentlich kritisiert worden, daß die Bundesregierung und der Bundeskanzler den russischen Ministerpräsidenten »abgefertigt« hätten. Wir wußten schon vorher aus nachrichtendienstlichen Quellen, daß es im Vorfeld der Gespräche in Belgrad russische Kontakte zu Milošević gegeben hatte. Das ist ja durchaus üblich. Jedenfalls wäre es nicht überraschend, wenn die Nachrichten aus Belgrad im wesentlichen dünn oder gar substanzlos sein würden: Wenn die Nato ihre Aktivitäten einstelle, dann stimme die jugoslawische Seite einer Wiederaufnahme von Verhandlungen, allerdings auf neutralem Territorium, zu. Sicherheiten für einen Waffenstillstand im Kosovo oder für die Rückkehr der Flüchtlinge in ihre Heimat gab es nicht, das Morden wäre also weitergegangen.

Angesichts dieser Vorinformationen und der Nachrichten, die wir nach der Abreise der russischen Delegation aus Belgrad erhielten, stimmten wir unsere Haltung und Reaktionen mit unseren Nato-Partnern ab. Schröder und Fischer schlugen vor, die Haltung der Nato sorgfältig zu erläutern und die politischen Ziele noch einmal darzulegen. Wir würden den russischen Beitrag zur Vermittlung würdigen, das Ergebnis aber nicht akzeptieren und gleichzeitig Rußland bitten, seine Bemühungen fortzusetzen. Im übrigen: Angesichts der unterschiedlichen Einschätzungen innerhalb der russischen Regierung und der Konflikte zwischen russischer Regierung und dem russischen Präsidenten wollten wir uns von nun an vor allem auf die Haltung des russischen Präsidenten und sein künftiges Verhalten konzentrieren.

In der Sitzung des Kabinetts ausführlich über die Lage im Kosovo gesprochen. Mich elektrisiert ein Hinweis, daß offenbar Beweise dafür vorliegen, daß das jugoslawische Vorgehen im Kosovo einem seit langem feststehenden Operationsplan folgt. In der anschließenden Pressekonferenz nennt Joschka Fischer die Politik Miloševićs »barbarisch« und einen »Höhepunkt des Schlachthauses«. Wer genauer hinhört, erkennt erste Umrisse unserer Überlegungen und insbesondere der Arbeit des Außenministeriums an einem Katalog von Bedingungen, nach deren Erfüllung die militärischen Maßnahmen eingestellt und eine Rückkehr zu langfristiger Stabilität auf dem Balkan ermöglicht werden kann. Fischer nennt zwei Säulen: einen regionalen, international garantierten Sicherheitspakt, der alle Sicherheitsinteressen der beteiligten Völker und Minderheiten umfaßt. Eine wirtschaftliche Entwicklungsstrategie, die den Völkern des Balkan ein Heranführen an die europäische Integration, verbunden mit einer Strategie der Demokratisierung, ermöglicht.

Ich schildere Ergebnisse aus Befragungen von Flüchtlingen. Intern hatte ich erste Überlegungen angestellt, die Zusammenarbeit mit dem internationalen Tribunal in Den Haag aufzunehmen und dem Gerichtshof diese Informationen zur Verfügung zu stellen.

Was Fischer und ich während dieser gemeinsamen Pressekonferenz geschildert hatten, wurde noch bestätigt und übertroffen von dem, was mir deutsche Beobachter bei einem Treffen nachmittags auf der Hardthöhe von ihren

Erfahrungen im Kosovo berichteten. Die Männer hatten leider in dem anschließenden Gespräch mit Journalisten Hemmungen, sich mit der gleichen Offenheit zu äußern, die bei unserem Treffen geherrscht hatte. Man hatte die Beobachter in ihrer Arbeit immer stärker behindert, versucht, sie einzuschüchtern und sie von der Verifizierung ernst zu nehmender Hinweise auf die Zerstörung ganzer Dörfer abzuhalten. So waren beispielsweise Beobachter bei einer entsprechenden Streife angehalten und mit Waffengewalt zur Umkehr gezwungen worden. Die Familien, bei denen die OSZE-Beobachter untergebracht gewesen waren, wurden nach dem Abzug der OSZE als angebliche Nato-Kollaborateure beschuldigt und einfach umgebracht. Ebenso die Dolmetscher. Einer unserer Beobachter schilderte mit stockender Stimme und Tränen in den Augen, wie man die Leichen auf bestialische Art verstümmelt und ihnen mit Baseballschlägern den Schädel zertrümmert hatte, um sie unkenntlich zu machen. So wurde noch den Toten der letzte Rest ihrer Würde genommen.

Der Wechsel im Amt des Generalinspekteurs der Bundeswehr von General Bagger auf General von Kirchbach, verbunden mit einem großen Zapfenstreich an der Bundeswehr-Führungsakademie in Hamburg, war keine Ablenkung. Zwar gab es auch entspannte Gespräche, aber mich ließen die Gedanken an das Kosovo und die Schilderungen der OSZE-Beobachter nicht mehr los. Auf dem Rückflug nach Bonn weitere Notizen gemacht. Nachts ein Anruf aus dem Verteidigungsministerium: Die Piloten sind sicher zurück.

Die Nachricht von der Entführung dreier amerikanischer Soldaten hat mich erschreckt. Soll hier neben der systematischen Desinformation durch die jugoslawischen Medien jetzt auch noch durch das Schicksal dieser drei Soldaten Druck auf Politik und Öffentlichkeit des Westens ausgeübt werden? Habe sofort mit Bill Cohen telefoniert, ihm das Mitgefühl und die Unterstützung der Bundesregierung versichert.

In der militärischen Führungslage besprechen wir wieder Informationen über systematische Vertreibungen; ein Flüchtlingstreck mit über tausend Menschen ist von Mitrovica im Norden des Kosovo nach Albanien oder Makedonien unterwegs. Die Luftangriffe werden verstärkt und folglich ist umfangreicherer Schutz der Nato-Flugzeuge erforderlich. Ich entschied, dafür zwei weitere ECR-Tornados bereitzustellen und nach Piacenza zu verlegen. Das Treffen zwischen Milošević und Ibrahim Rugova scheint mir nichts anderes zu sein als eine widerliche Zurschaustellung, zu der man Rugova gezwungen hat.

Der russische Präsident Jelzin hatte eine in meinen Augen beachtliche Botschaft an die russische Duma gerichtet und klargemacht, daß Rußland sich nicht in einen Krieg hineinziehen lassen wolle. Es werde auch Rußlands Kooperation mit den Vereinigten Staaten nicht aufs Spiel setzen. Das deckte sich mit meinen Eindrücken aus dem Bonner Gespräch mit dem russischen Verteidigungsminister Sergejew, bei dem dieser mich darüber informiert hatte, daß Rußland ein Aufklärungsschiff ins Mittelmeer entsenden werde. Er relativierte dadurch die dramatisch klingenden Ankündigungen, Rußland könnte seine Schwarzmeerflotte ins Mittelmeer verlegen. Daß Präsident Jelzin nun den russischen Ministerpräsidenten Primakov beauftragte, noch einen weiteren Vermittlungsversuch zu unternehmen, zeigte: Rußland wird sich politisch und diplomatisch engagieren, nicht militärisch. Auf dieser Linie lagen auch die Forderungen Jelzins, die G8-Staaten sollten zusammentreten. Er suchte damit eine neue politisch-diplomatische Ebene, um mit den westlichen Staaten, die der Kontaktgruppe angehörten, eine Lösung zu finden, ohne jedoch erneut und offiziell die Kontaktgruppe selbst nach den gescheiterten Verhandlungen noch einmal neu ins Spiel bringen zu müssen.

2. APRIL 1999

23.20 Uhr – Joschka Fischer übermittelt telefonisch dramatische Nachrichten aus Makedonien; Makedonien habe die Grenze für die Flüchtlinge aus dem Kosovo geschlossen, die deutschen Soldaten sollen, wie die Soldaten aller anderen europäischen Länder, ihre Kasernen in Makedonien räumen, damit dort Flüchtlinge untergebracht werden können. Wir reden lange. Ich rufe im Verteidigungsministerium an und erkundige mich nach dem Stand unserer Hilfsmaßnahmen für Makedonien und Albanien. Danach noch ein Gespräch mit Joschka Fischer. Wir müssen sehr schnell wissen, welches umfassende Angebot zur Hilfe wir Makedonien machen können, damit die Grenze wieder geöffnet wird.

Kurz nach Mitternacht: Erneute Anrufe im Verteidigungsministerium. Ich gebe Anweisungen, daß bis zum nächsten Vormittag ein umfassendes Hilfsangebot auf die Beine gestellt werden muß. Dazu sollen mir bis 10 Uhr am Karsamstag genaue Informationen vorgelegt werden über die Kapazitäten an Hilfsgütern: Zelte, Lebensmittel, medizinische Hilfe, Wasseraufbereitungsanlagen, sanitäre Versorgung und alle anderen denkbaren Maßnahmen.

Diese Anweisung führte dazu, daß in der Nacht von Karfreitag auf Karsamstag in Deutschland Hunderte von Menschen aus den Betten geklingelt wurden. In den Depots der Bundeswehr, auf den Flugplätzen und bei den Transporteinheiten wurden in großer Eile alle Möglichkeiten umfassender Hilfe für Makedonien mobilisiert. Deshalb konnte ich am Karsamstag meinem makedonischen Kollegen Nikola Klusev, mit dem ich schon aus früheren Begegnungen vertraut war, ein umfassendes Angebot machen und ihn bitten, als Vorsitzender des Krisenstabs der makedonischen Regierung die Entscheidung über die Schließung der Grenze rückgängig zu machen.

An der makedonischen Grenze zum Kosovo bei Blace sitzen Zehntausende Flüchtlinge fest. Sie hausen ohne Wasser und Lebensmittel in einer Wüste aus Dreck und Schlamm. Es ist zum Kotzen. Dieser Verbrecher in Belgrad läßt Menschen umbringen, vertreibt Hunderttausende von ihnen und will damit den Balkan, zumindest Makedonien und Albanien, um ihre ohnehin zerbrechliche Stabilität bringen.

Die Angehörigen der Bundeswehr hatten in weniger als zehn Stunden die größte humanitäre Aktion in der Geschichte der Bundesrepublik Deutschland auf die Beine gestellt. Jeden Tag würden jetzt bis zu zehn Maschinen, notfalls mehr, nach Skopje in Makedonien und auch nach Tirana in Albanien fliegen. Wir konnten der makedonischen Regierung zusichern, daß in großem Umfang Zelte für die Flüchtlinge aufgebaut und die Flüchtlinge mit Lebensmitteln und medizinischer Hilfe versorgt sein würden. Wir konnten auch anbieten, gegebenenfalls ein angemessenes Kontingent von Flüchtlingen in Deutschland aufzunehmen sowie dies auch gegenüber den anderen Mitgliedstaaten der Europäischen Union anzuregen.

Ich telefonierte jeden Tag mit meinem makedonischen Kollegen, bis wir eine Koordinierungsstelle für die humanitären Hilfsleistungen unter Leitung des Parlamentarischen Staatssekretärs Walter Kolbow eingerichtet hatten. Dieser enge Kontakt und vor allem die umfangreiche Hilfsaktion schufen die Voraussetzung dafür, daß Makedonien seine Grenze wieder öffnete. Viele Flüchtlinge erreichten die Lager krank und geschwächt, in ausgehungertem und unterernährtem Zustand.

Mit dem Kanzler und dem Außenminister alle anstehenden Fragen durchgesprochen; beide über die Hilfsaktionen und den Kontakt mit der makedonischen Regierung informiert, das weitere Vorgehen miteinander abgestimmt. Der Unterrichtung der Fraktionsvorsitzenden vom 30. März und der telefonischen Information danach soll am 6. April eine weitere mündliche Unterrichtung und Erörterung mit den Fraktionen folgen.

In der Bundespressekonferenz betonte Gerhard Schröder, daß die Bundesregierung an ihrer Politik festhalte. Gerhard Schröder, Joschka Fischer und ich machten deutlich, daß wir gemeinsam mit den Staaten innerhalb der Nato und der Europäischen Union fest entschlossen seien, den Völkermord im Kosovo und die ethnische Kriegführung mit ihren unglaublichen Kriegsverbrechen und den brutalen Massendeportationen nicht zu dulden. (Die Hinweise darauf, daß alle diese Maßnahmen der jugoslawischen Seite von langer Hand vorbereitet waren, hatten sich verdichtet.) Im übrigen machten wir erstmals Kriterien für einen Stop der Luftangriffe öffentlich – ohne allerdings auf den Katalog von Bedingungen Bezug zu nehmen, an dem das Außenministerium bereits arbeitete. Wir betonten, daß der überprüfbare Abzug der jugoslawischen Armee und der Sondereinheiten aus dem Kosovo, eine sichere Rückkehr der Vertriebenen und die dafür notwendige militärische Garantie durch eine Nato-geführte Truppe die Voraussetzungen dafür seien, daß die Nato ihre Luftangriffe beenden würde.

4. APRIL 1999

Um den Nachschub der jugoslawischen Armee nach Montenegro, dessen Präsidenten Milo Djukanović wir (aufgrund seiner Oppositionspolitik gegenüber Milošević) unterstützen wollten, und in das Kosovo zu erschweren sowie um Risiken in Bosnien zu verringern, sprengten Einheiten der in Bosnien stationierten SFOR die Eisenbahnlinie, die von Serbien nach Montenegro

98

führte. Die SFOR-Truppen waren von serbischem Terri-
torium aus beschossen worden. Ein erhöhtes Risiko für
die in Bosnien stationierten Soldaten war also nicht aus-
zuschließen.

Ich bin unzufrieden mit der Informationspolitik der Nato.
Die Informationen an sich sind verläßlich, aber sie kom-
men viel zu spät und lassen zuviel Zeit für Spekula-
tionen und Desinformation. Wieso kann man nicht schon
frühmorgens in Brüssel Informationen verbreiten, um
den Bildern des jugoslawischen Fernsehens zu begegnen?
Die Ströme von Flüchtlingen sind wie ein Alptraum. Was
die Menschen erzählen, vervollständigt die schrecklichen
Bilder der Brutalitäten und Grausamkeiten. Es ist ent-
setzlich – vor allem, daß man im Kosovo unmittelbar
dagegen überhaupt nichts tun kann. Die Bundeswehr
baut in Neprosteno in Makedonien ein Lager für die
Flüchtlinge auf. Mit Klusev entsprechende Vereinbarun-
gen getroffen. Otto Schily war in Albanien, wir dürfen
dieses so schrecklich arme Land ebenfalls nicht verges-
sen.

Am Abend in den ARD-Tagesthemen: Wieder die Frage
nach Bodentruppen. Ich erläutere unsere ablehnende Hal-
tung und kündige an, daß die Luftangriffe intensiviert
werden: Zunehmend stärker sollen die Truppen im Koso-
vo selbst angegriffen werden – »jene Mörderbande, die
für tausendfachen Tod und hunderttausendfache Vertrei-
bung verantwortlich ist«.

Hinter dieser Bemerkung steckte eine Entscheidung der
Nato, die Zahl der eingesetzten Flugzeuge schrittweise
und systematisch zu erhöhen und damit die Möglichkeit

zur Bekämpfung von militärischen Zielen im Kosovo zu verbessern. Beispielsweise setzte die Nato ein amerikanisches Flugzeug ein, mit dem militärische Aufklärung auch am Boden, über Panzer und Artillerie-Stellungen sowie militärische Kolonnen ermöglicht wurde. Über solche Aufklärungsflugzeuge verfügen nur die amerikanischen Streitkräfte, sie erlaubten der Nato eine Übertragung der Informationen in sogenannter »Echt-Zeit«. Die Tornados konnten also sofort und unmittelbar auf der Grundlage der übertragenen Informationen gegen die aufgeklärten Stellungen eingesetzt werden.

Während meines Besuchs beim Oberbefehlshaber der Nato am 29. März hatten wir auch über den Einsatz der unbemannten Drohne gesprochen, die die Bundeswehr im Kosovo zur Luftaufklärung einsetzte, die sie allerdings laut Bundestagsmandat nicht außerhalb des Kosovo einsetzen durfte. Mit Hilfe der Drohne erhielten wir eine Reihe von Bildern, die brennende und zerstörte Dörfer zeigten und das systematische Vorgehen der jugoslawischen Streitkräfte und »Spezialpolizei« bei der Vernichtung dieser Dörfer belegten. Wir konnten Hinweisen nachgehen, denen zufolge Tausende von Menschen in bestimmten Teilen des Kosovo zusammengetrieben oder, in Wäldern oder auf freiem Feld zusammengepfercht, bewacht wurden – unter Bedingungen, die Konzentrationslagern durchaus vergleichbar waren. Dem Wunsch des Nato-Oberbefehlshabers, die Drohne auch außerhalb des Kosovo zur Aufklärung militärischer Stellungen einzusetzen, konnte ich wegen der Grenzen des Mandats nicht entsprechen. Allerdings setzten wir sie im südlichen Bereich des Kosovo und auch über jugoslawischem Territorium außerhalb des Kosovo zur Aufklärung unmittelbarer Bedrohungen für die in Makedonien stationierten deutschen und alliierten Truppen ein.

Politisch gingen die Bemühungen um eine Lösung des Konflikts unter Einbeziehung Rußlands weiter. Der Bundeskanzler telefonierte mit Jelzin, der Außenminister stand in engem und täglichem Kontakt mit allen seinen Kollegen. Joschka Fischers Überlegungen zu einem »Friedensplan« konkretisierten sich.

Am Nachmittag mit Klusev telefoniert: Das Vertrauen auf makedonischer Seite stabilisiert sich. Ich rufe Walter Kolbow während seines Urlaubs an: Er wird bald nach Makedonien reisen müssen, damit der Kontakt mit der makedonischen Regierung noch enger wird.

5. APRIL 1999

Kurzes Gespräch mit Joschka Fischer im Außenministerium; unsere gemeinsame Einschätzung ist: Über die Kontaktgruppe wird man Rußland in die politischen Bemühungen zur Lösung der Kosovo-Krise nicht einbinden können. Fischer nimmt den Vorschlag Jelzins wieder auf, Rußland im Rahmen der G8-Gruppe in die Konsultationen einzubeziehen. Joschka Fischer ist in ständigem Kontakt mit seinen Kollegen. Vielleicht kommen die Politischen Direktoren der G8-Außenminister am kommenden Freitag zusammen und finden einen Weg.

Erhalte von Joschka aus Geheimdienstquellen ein Papier, das die Vorbereitungen und die Durchführung der »Operation Hufeisen« der jugoslawischen Armee belegt. Haben wir jetzt einen vollständigen Beweis über lange geplante serbische Vertreibungen im Kosovo? Sofort Auswertung veranlaßt.

6. APRIL 1999

Zum ersten Mal hat eine fehlgeleitete Rakete bei den nächtlichen Angriffen zivile Opfer gefordert. Im serbischen Aleksinać wurden auf diese tragische Weise 17 Menschen getötet und viele verletzt.

Am frühen Morgen im Fernsehen Bilder von Aleksinać. Solche tragischen Fehler werden von den serbischen Medien sofort propagandistisch als Belege für die mutwillige Zerstörung und vorsätzliche Angriffe auf die zivile Bevölkerung verbreitet und auch von unseren Medien übernommen. Was sollten sie auch anderes tun? Warum reagiert die Nato nicht endlich schneller?

Über Tage hinweg muß ich mich schon mit Brüssel auseinandersetzen, damit beispielsweise die Geheimhaltung von Bildern aufgehoben wird, die schon Anfang März gemacht wurden und die belegen, daß schon zu diesem Zeitpunkt systematische Vertreibungen und Zerstörungen stattfanden. Ärgerlich, daß amerikanische Medien über schwere Menschenrechtsverletzungen, systematische Mordaktionen, vor allem gegen die erwachsene männliche Bevölkerung der Kosovo-Albaner, umfangreicher und

früher berichten als unsere. Werden sie auch früher infor-
miert?

Mich erreichen Nachrichten des Flüchtlingshilfswerks der
Vereinten Nationen (UNHCR): Mehr als 400 000 Men-
schen sind aus dem Kosovo vertrieben. Albanien hat über
220 000 von ihnen aufgenommen, erklärt sich weiterhin
zur Aufnahme bereit. Können womöglich auch nach
Makedonien Geflohene in Albanien aufgenommen wer-
den? Das würde die prekäre Situation in Makedonien
erleichtern. Man wird darüber mit den Regierungen bei-
der Länder verhandeln müssen.

Vom Auswärtigen Amt und auch aus direkten Kontakten
mit dem UNHCR wußte ich, daß das UN-Flüchtlings-
hilfswerk mit der Versorgung der Flüchtlinge völlig überfordert war. Wir entschieden uns deshalb im Verteidigungsministerium, ab dem nächsten Morgen einen Airbus
für die Hilfsleistungen einzusetzen. Bis dahin hatte die
Bundeswehr 50 Hilfsflüge mit 32 Tonnen Lebensmitteln,
49 Tonnen Decken und Schlafsäcken, 50 Tonnen Zelt-
material sowie entsprechenden Sanitär-Ausrüstungen einschließlich einer Anlage zur Wasseraufbereitung transportiert. Das Lager in Neprosteno in der Nähe von Tetovo
war mittlerweile voll funktionstüchtig und bot Platz für
3000 Personen. Die Hilfsaktionen wurden in der Bundesregierung mit Otto Schily und Heidemarie Wieczorek-
Zeul sorgfältig koordiniert, die Nicht-Regierungsorgani-
sationen und die GTZ leisteten zudem enorm viel.

Aus Jugoslawien hörten wir, daß sich viele Wehrpflichtige
und Reservisten der Einberufung verweigerten. Es gab
Prozesse gegen Männer, die einfach ihre Waffen niederge-

legt und die Armee verlassen hatten. Doch ungeachtet dieser Schwierigkeiten machte das zweite Korps der jugoslawischen Armee in Montenegro mobil. Auf Risse im jugoslawischen Machtgefüge, obwohl es für sie Anzeichen gab, durften wir zur Beendigung des Konflikts nicht hoffen.

Wir mußten wegen des schlechten Wetters manche Einsätze abbrechen: Die Ergebnisse der Aufklärungsflüge waren – bedingt durch die geschlossene Wolkendecke – schlecht, das Risiko, Angriffsziele zu verfehlen, wurde unverantwortlich hoch. Deshalb gingen zunächst nur die Angriffe auf Einrichtungen, die für den Nachschub der jugoslawischen Armee bedeutend waren, weiter: Ölraffinerien, Brücken und Sendeanlagen, die ja nicht nur Fernsehprogramme verbreiten, sondern auch zur Führung der jugoslawischen Armee eingesetzt wurden.

7. APRIL 1999

Ein immer schrecklicherer Alptraum: Jetzt sind schon 750 000 Menschen auf der Flucht, 260 000 von ihnen innerhalb des Kosovo. Die Innen- und die Justizminister der EU werden sich deshalb am Abend treffen. Walter Kolbow nimmt seine Arbeit in Skopje auf und koordiniert alle Hilfsaktionen vor Ort. Dazu werden auch die nicht-staatlichen Hilfsorganisationen eingeladen. Endlich ist das Flüchtlingslager im makedonischen Grenzort Blace aufgelöst. Die Flüchtlinge sind einigermaßen gut aus diesem Dreckloch herausgekommen und werden sich hoffentlich bald erholen. Gestern abend noch einmal mit

Brüssel wegen der Informationspolitik telefoniert. End-lich geben sie die Bilder von Anfang März frei.

An der täglichen Führungslage im Verteidigungsministe-rium nahm mein britischer Kollege George Robertson teil. Uns wurde berichtet, daß die Serben offenbar dazu über-gegangen waren, jetzt die Flüchtlinge von der albanischen und makedonischen Grenze wieder in das Kosovo zurück-zutreiben. Die Hinweise mehrten sich, daß diese Men-schen als Schutzschilder gegen Bombardierungen miß-braucht werden sollten.

Es ist abscheulich. Diese Lumpen und Verbrecher brin-gen wahllos Menschen um, rauben ihre Opfer aus, ver-treiben sie oder vergewaltigen die Frauen. Es ist zum Ver-zweifeln, und wir können fast nichts dagegen tun. Die Luftangriffe werden erst nach längerer Zeit Wirkung zei-gen. Um so unverantwortlicher, daß einige öffentlich immer wieder einen Stop oder eine Pause der Luftangriffe fordern. Als ob dadurch das Morden beendet würde! Manche Grüne fordern einen »konditionierten Waffen-stillstand«. Warum fordern sie nicht, daß das jugoslawi-schen Militär und die Mörderbanden aus dem Kosovo verschwinden?

In der gemeinsamen Pressekonferenz erläuterten George Robertson und ich unsere Politik. Nach dem gestrigen energischen Telefonat mit Brüssel konnte ich endlich die Bilder von Anfang März öffentlich präsentieren und damit belegen, wie die jugoslawische Armee im Kosovo vorging: Panzer wurden rund um ein Dorf aufgestellt, Scharfschützen bezogen Stellung, die Bevölkerung wurde auf einem Platz zusammengetrieben, die erwachsenen

Männer wurden von den Frauen, Kindern und älteren Menschen getrennt. Die Frauen, Kinder und Alten trieb man anschließend auf Fahrzeugen oder zu Fuß in Richtung Grenze. Was mit den Männern geschah, ob sie als menschliche Schutzschilder mißbraucht, zur Zwangsarbeit in Munitionsfabriken geschickt, interniert oder ermordet wurden, konnte oft genug nicht aufgeklärt werden; aber keine dieser schrecklichen Möglichkeiten war auszuschließen.

Finde nach der Pressekonferenz Meldungen vor über Kofi Annans Äußerungen vor der UN-Menschenrechtskommission in Genf: »Die scheußliche und systematische Kampagne der ›ethnischen Säuberung‹, die von den serbischen Sicherheitskräften im Kosovo vorgenommen wird, hat anscheinend ein Ziel: so viele Kosovo-Albaner wie möglich zu vertreiben oder zu töten.(…) Keine Regierung hat das Recht, sich hinter der nationalen Souveränität zu verstecken, um die Menschenrechte oder fundamentale Freiheiten ihres Volkes zu verletzen.« Außerdem spricht Annan von einem möglichen Völkermord, sagt, die Tagung in Genf stehe unter der »dunklen Wolke des Verbrechens des Völkermords«.

In der Zwischenzeit war die interne Verständigung über politische Bedingungen zur Beendigung des Konflikts weit vorangekommen. Die Initiative von Außenminister Fischer zeigte Erfolg. Ich notierte mir am Abend:

Der Nato-Rat hat getagt. Bill Cohen war daran beteiligt. Offenbar stimmen die Vereinigten Staaten den von Joschka Fischer definierten politischen Zielsetzungen zu. Das heißt: Mord und Vertreibung im Kosovo einstellen, jugo-

slawische Einheiten von Militär, »Spezialpolizei« und Paramilitärs abziehen, Rückkehr der Flüchtlinge garantieren, zu deren Sicherheit eine internationale Friedenstruppe unter Führung der Nato aufstellen sowie politische Autonomie der Provinz auf der Grundlage der Vertragsentwürfe von Rambouillet wiederherstellen.

In den USA war eine Diskussion über den Einsatz von Bodentruppen aufgeflammt. Wir sahen in Deutschland jedoch keinen Grund zur Änderung unserer Haltung, unterstützten aber intern eine weitere Erhöhung des politischen und militärischen Drucks auf Milošević, vor allem weiterhin verstärkte Luftangriffe. Der serbische Vize-Regierungschef Vuk Drašković machte ein Angebot für einen Waffenstillstand – wir lehnten dies als Täuschungsmanöver der Belgrader Regierung ab. Mit dem Angebot sollte erkennbar nur die öffentliche Unterstützung im Westen unterminiert werden, und bezeichnenderweise kam dieses Angebot auch nicht von Milošević, sondern von seinem Stellvertreter Drašković, der als ehemaliger Oppositioneller fälschlicherweise für viele noch immer als relativ unabhängig galt.

Die Auswertung des Operationsplans »Hufeisen« liegt vor. Endlich haben wir einen Beweis dafür, daß schon im Dezember 1998 eine systematische Säuberung des Kosovo und die Vertreibung der Kosovo-Albaner geplant worden waren, mit allen Einzelheiten und unter Nennung aller dafür einzusetzenden jugoslawischen Einheiten.

Vor wenigen Tagen hatte mir Joschka Fischer in einem privaten Gespräch die entsprechenden Unterlagen mit der Bitte um Auswertung übergeben. Die Informationen stammten aus einer zuverlässigen Geheimdienstquelle. Die Auswertung ergab ein erschreckend klares Bild. Ich entschied, daß dieser »Hufeisen«-Plan am nächsten Tag öffentlich dargestellt werden sollte (siehe Anhang III).

8. APRIL 1999

Joschka Fischer war gestern bei Javier Solana. Es besteht Übereinstimmung, sowohl die Luftangriffe als auch die politisch-diplomatischen Bemühungen zu verstärken. Besteht eine Möglichkeit, Nachschubwege über die Adria zu versperren? Warum denken jetzt wieder die Spitzenmilitärs so viel über Bodentruppen nach (hoffentlich nicht auch noch öffentlich)?

Zusammentreffen mit Bill Cohen in Ramstein/Pfalz. Wir stimmen überein, daß das orthodoxe Osterfest kein Grund für einen Waffenstillstand ist. Solche Angebote hat es während des Krieges in Bosnien vielfach gegeben, keines davon wurde verwirklicht.

Die Hoffnung auf eine Freilassung der drei gefangenen Soldaten wächst. Aber Bill Cohen und ich sind uns auch einig: Wir werden viel Geduld haben müssen – militärisch und politisch.

Im Verteidigungsministerium hatten wir entschieden, eine weitere Einheit Drohnen nach Makedonien zu verlegen. Damit erhöhte sich die Aufklärungskapazität für Bundeswehr und Nato. Trotzdem: Diese Drohnen können nur nach einem vorprogrammierten Flugplan Ziele anfliegen und aufklären, eine flächendeckende Überwachung des

Kosovo war mit ihnen nicht möglich. Um den Verbleib von Flüchtlingen aufzuklären, brauchten wir aber präzise Hinweise und entschieden deshalb, speziell ausgebildete Soldaten in Makedonien mit einer intensiven Befragung zu beauftragen und so unsere Informationen zu erweitern.

Allen Bemühungen zum Trotz konnte aber an diesem Tag nicht ermittelt werden, wo sich die riesigen Flüchtlingstrecks befanden, die von den Grenzen ins Kosovo zurückgetrieben worden waren. Das rief angesichts der vielfältigen Aufklärungsmöglichkeiten einiges Unverständnis hervor, nicht nur bei Journalisten, und erstmals mahnte ich deshalb auch öffentlich eine offensivere Information durch die Nato an.

In der Pressekonferenz stellte der neue Generalinspekteur der Bundeswehr, General von Kirchbach, die wesentlichen Ergebnisse der Auswertung des »Hufeisen«-Plans vor. Dieser sah vor, daß in einer ersten Phase, nach dem Jahreswechsel 1998/1999, die kosovo-albanische Bevölkerung im Norden der Provinz und entlang eines breiten Streifens beiderseits der Hauptverbindungsstraßen im Kosovo vertrieben werden sollte. Das deckte sich mit unseren Informationen, deren genauen Hintergrund wir bisher nicht hatten einschätzen können. Danach begannen im Januar 1999 im Norden jugoslawische Streit- und Sicherheitskräfte in verstärktem Maße mit Angriffen im Gebiet um die Städte Podujevo und Mitrovica. Dazu wurde ein starker, gepanzerter Eingreifverband bereitgestellt. In einer zweiten Phase wurden diese Operationen systematisch nach Süden ausgedehnt und dabei zugleich die jugoslawischen Kräfte erheblich verstärkt. Während wir in Rambouillet (und später in Paris) verhandelten, wurde also eine systematische Vertreibungspolitik auf der Grundlage eines präzisen militärischen Operationsplans begonnen. Gegenüber der internationalen Öffentlichkeit täuschte Belgrad Verhandlungswillen vor, im Kosovo plünderten und mordeten die serbischen Milizen. Eine weitere Phase der Operationen war während der Verhandlungen in Paris, also im März 1999, in vollem Gange: Die Kämpfe in der Mitte des Kosovo, im Drenica-Gebirge und auch im Westen des Kosovo sowie in der Umgebung von Peć wurden immer intensiver. Die schrittweise Verwirklichung dieses Operationsplans ging einher mit der Ablösung solcher Militärs, die sich dem Einsatz von Soldaten gegen Zivilisten widersetzten. Unter ihnen der Chef des Generalstabs der jugoslawischen Armee, General Perišić.

9. APRIL 1999

Mit einer Notiz vom gestrigen Tag gehe ich in die tägliche Führungslage im Verteidigungsministerium:

Humanitäre Hilfsmaßnahmen auf hohem Niveau fortführen, Koordination verbessern, Kontakt mit makedonischer Regierung aufrechterhalten, mit albanischer Regierung intensivieren, Aufklärung durch Drohnen und Befragungsteams soweit wie möglich auf die humanitäre Lage konzentrieren, die gewonnenen Ergebnisse regelmäßig veröffentlichen, den Zusammenhang zwischen politischen Initiativen, militärischen Maßnahmen und humanitärer Hilfe verdeutlichen.

Bis zum 8. April hatte die Bundeswehr schon 70 Hilfsflüge durchgeführt und damit fast 800 Tonnen Hilfsgüter transportiert. Der größere Teil der in Makedonien stationierten 3200 deutschen Soldaten war nun mit humanitärer Hilfe beschäftigt, aber auch mit militärischer Aufklärung und dem Selbstschutz. Wir hatten mobile Ärztetrupps entsandt, insbesondere nach Makedonien. Ihre Berichte vergrößerten die Sorgen und den Zorn über die Skupellosigkeit der Vertreibungspolitik. Die Ärzte berichteten, daß die Frauen und Kinder vor allem an Erschöpfungszuständen, Erkrankungen der Atemwege, Durchfall, Schußverletzungen und auch an Folgen von Vergewaltigungen litten. Mir wurde von Menschen berichtet, die manchmal über viele Tage hinweg nur von Gras und Wasser gelebt hatten.

Wieder bekamen wir Hinweise, daß sich in manchen Gebieten des Kosovo noch größere Flüchtlingsansammlungen befanden. Ansammlungen von bis zu 50 000 Menschen versteckten sich in abgelegenen Tälern, Felshöhlen oder in den Wäldern des Kosovo.

Endlich konnten wir mit Hilfe der Drohnen auch Bilder von zerstörten Dörfern zeigen, auf die wir bisher nur Hinweise hatten. Wir hatten jetzt Aufnahmen von sieben der vielen Ortschaften, die mindestens zur Hälfte, meistens aber völlig zerstört waren. Wir verlegten weiterhin Sanitätspersonal nach Albanien und Makedonien, und auf den Rückflügen half die Bundeswehr, die mehr als 10 000 Flüchtlinge nach Deutschland zu bringen, deren Aufnahme die Bundesregierung beschlossen hatte.

Durch die weitere Verlegung von Flugzeugen zur Luftbetankung der eingesetzten Kampfflugzeuge verbesserten sich zugleich die militärischen Operationsmöglichkeiten. Einschließlich der von amerikanischen Flugzeugträgern startenden Maschinen waren jetzt knapp 550 Flugzeuge im Einsatz. Manche von ihnen trugen Sender, mit denen Fernseh- und Rundfunkprogramme nach Jugoslawien ausgestrahlt werden konnten. Soweit die militärische Lage dies zuließ, wurden über dem Kosovo zusätzlich Flugblätter mit Warnungen an die jugoslawischen Einheiten abgeworfen. Binnen zwei Tagen streute die Nato über zwei Millionen Flugblätter: Unsere Hoffnung war, daß die Moral der jugoslawischen Streitkräfte, wenn auch nicht die ihrer Führung, langsam nachzulassen begann. Erst Wochen später zeigten Informationen aus dem abgehörten Funkverkehr der jugoslawischen Streitkräfte, daß diese Hoffnung begründet war, wegen der dauernden Angriffe, nicht wegen der Flugblätter.

10. APRIL 1999

Auf dem Rückflug von Prag: Unsere politischen Initiativen haben Aussicht auf Erfolg. Der Fünf-Punkte-Plan mit den Bedingungen, unter denen alle militärischen Maßnahmen eingestellt werden können, wird offenbar akzeptiert; Joschka Fischer hat den Außenministern der Europäischen Union die Idee eines Stabilitätspaktes für den Balkan präsentiert. Damit wird eine langfristige Perspektive für die gesamte südosteuropäische Region aufgezeigt, über die Lösung des Kosovo-Konflikts hinaus.
Atmosphäre beim Parteitag der tschechischen Sozialdemokratie: Große Zustimmung bei meinen Bemerkun-

gen zur Bedeutung der Sozialdemokratie für die Zukunft
Europas, bei den Hinweisen auf das tschechisch-deutsche
Verhältnis und die Notwendigkeit enger Kooperation, bei
meinem Lob für Miloš Zeman und seine Politik. Verhal-
tenerer Beifall zu meinen Äußerungen über die Mitglied-
schaft der tschechischen Republik in der Nato; sehr geteil-
te Stimmung bei meinen Ausführungen zum Kosovo und
den fünf Bedingungen, die Milošević erfüllen muß. Auch
als ich an die niedergeschlagenen Demokratiebewegun-
gen in Ungarn, der damaligen Tschechoslowakei oder in
Polen erinnere, ändert das die Haltung der Delegierten
nicht, und offenbar können viele meine Haltung nicht tei-
len, daß man jetzt unmittelbar etwas für die Achtung der
Menschenrechte tun kann.

In Bonn hatte Walter Kolbow den aktuellen Stand der
humanitären Hilfsleistungen nach Makedonien und Albanien dargestellt. Nach einer Pause von wenigen Tagen hatte die jugoslawische Armee offenbar ihre gezielten Vertreibungen wieder aufgenommen. Endlich berichtete auch
die Nato offensiver über die Taten der serbischen Mord-
maschinerie, die so verharmlosend »ethnische Säuberung« genannt wurden. Mittlerweile waren rund zweihundert Städte und Dörfer erheblich beschädigt oder
vollständig zerstört worden. Die Methode, nach der Häuser und ganze Dörfer dem Erdboden gleichgemacht wurden, sofern sie nicht einfach durch Panzer und Artillerie
zerschossen wurden, war immer die gleiche: Man stellte
eine brennende Kerze unter dem Dach auf und drehte im
Erdgeschoß eine Gasflasche auf. In kürzester Zeit sprengt
die Explosion das Dach weg und das Haus brennt aus
oder bis auf die Grundmauern nieder.

An diesem Sonntag berichtete Walter Kolbow, der mit seinem Koordinierungsbüro in Makedonien ausgezeichnete Arbeit leistete, noch einmal vor der Presse über die humanitäre Situation und die Hilfestellung der Bundeswehr. Ich wollte den außerordentlichen SPD-Parteitag vorbereiten, wurde aber vom Telefon mit Nachrichten aus dem Ministerium unterbrochen: aus dem Kosovo seien jetzt schon 600 000 Menschen vertrieben worden, die Grenzen seien im Augenblick offen, in weniger als 24 Stunden wären weitere 200 000 Menschen geflüchtet. Unter ihnen die Bewohner eines ganzen Dorfes aus der Nähe von Priština. Man hatte sie zur Flucht über die jugoslawisch-albanische Grenze gezwungen. Die Hilfsleistungen selbst gingen unverändert weiter; die Bundeswehr hatte in Korca, Albanien, mit dem Aufbau eines Flüchtlingslagers für 15 000 Personen begonnen. Die militärischen Maßnahmen mußten wegen des schlechten Wetters und des damit verbundenen hohen Risikos von Zivilschäden deutlich eingeschränkt, zum großen Teil sogar abgebrochen werden.

Notizen vom Abend: Endlich treten wir nicht, wie so oft vor 1945, als Aggressor auf, sondern verteidigen die Menschenrechte; erstmals handeln die Deutschen gemeinsam mit allen Europäern statt gegen sie; erstmals geht es nicht um Unterwerfung, sondern um menschliche Rechte und deren Durchsetzung. Die Entscheidung über die Beteiligung deutscher Soldaten an der humanitären Hilfsaktion in Albanien haben wir noch nicht getroffen, bereiten sie aber vor.

Durch Äußerungen des Vorsitzenden des Nato-Militärausschusses, General Klaus Naumann, der von Bodentruppen als einer »theoretischen Möglichkeit« gesprochen hatte, werden wir sofort wieder eine öffentliche Debatte über Kampfeinsätze mit Bodentruppen am Hals haben. Leider gibt es zu viele, die sich Soldaten nur kampfwütig und schwer bewaffnet vorstellen können. Ob die humanitären Hilfsleistungen für die Kosovo-Albaner und der Einsatz für Menschenrechte daran etwas ändern? Beim Aufbau und bei der Betreuung der Flüchtlingslager in Makedonien, später auch in Albanien, schuften die Soldaten bis zum Umfallen. Keiner hat nach seiner Arbeitszeit gefragt, alle waren vom Sinn ihres Einsatzes voll überzeugt und leisteten freiwillig viel mehr als man erwarten durfte. Was also heißt das? Für die künftigen Aufgaben, für die Ausbildung und das Selbstverständnis der Soldaten?

Über die neuen Aufgaben der Bundeswehr

Die Bundeswehr ist die erste deutsche Armee, die in einer demokratischen Verfassung verankert und damit Freiheit und Menschenwürde, Recht und Demokratie verpflichtet ist. Aus diesen Grundprinzipien leitet sich ihr militärischer Auftrag ab, Befehl und Gehorsam sind jederzeit durch Gesetz und Gewissen gebunden. Die Streitkräfte werden nach den Werten unserer Verfassung ausgebildet und geführt. Über Graf Baudissins Leitbild von der Inneren Führung und vom Staatsbürger in Uniform hat die Bundeswehr eine Tradition begründet, die sogar von anderen westlichen Streitkräften als Vorbild angesehen wird. Freier Mensch, Staatsbürger und Soldat zu sein ergänzt sich in der Bundeswehr und steht längst nicht mehr im Widerspruch zueinander.

Artikel 1 unserer Verfassung erklärt die Würde des Menschen für unantastbar. Natürlich bleibt die Sicherheit des eigenen Landes und des Bündnisses die Hauptaufgabe der Bundeswehr. Mit den Interessen unseres Landes, der europäischen und der Nato-Staaten, sind aber zugleich unsere Werte, die uns zur Achtung der Menschenrechte verpflichten, eng verknüpft. Diese Achtung kann auf Deutschland nicht beschränkt werden – der Anspruch der Menschenrechte ist universell. Die Mittel zu ihrer Durchsetzung allerdings sind begrenzt. Das zwingt uns dazu, Prioritäten zu setzen, auch schmerzhafte Entscheidungen zu treffen. Ich meine: Jedenfalls in Europa und seinem direkten Umfeld sollten wir massiven Verletzungen der Menschenrechte oder einer ethnischen Kriegführung unmittelbar dort entgegentreten, wo solche Verbrechen gegen die Menschlichkeit geschehen. Nicht zu handeln wäre verantwortungslos gegenüber den betroffenen Menschen und steht nicht im Einklang mit unseren eigenen Wertvorstellungen. Und es wäre schädlich für die Interessen unseres Landes, wenn wir abwarteten, bis die Folgen solcher Krisen uns auch erreichen. Deshalb trägt die Bundeswehr in Bosnien und im Kosovo dazu bei, Frieden zu sichern, Menschenrechte zu achten, Versöhnung und demokratischem Aufbau eine Chance zu geben. Daß deutsche Soldaten gemeinsam mit Soldaten aller europäischen Länder, auch mit amerikanischen und russischen Soldaten, einen solchen Dienst leisten, zeigt, wie sehr Deutschland seine Rolle, sein Selbstverständnis und seine zukünftige Verantwortung europäisch und im Geiste der eigenen demokratischen Verfassung definiert.

Demokratie, Menschenwürde und Rechtsstaatlichkeit sind also Orientierung für jeden militärischen Einsatz – gerade für die neuen Aufgaben der Krisenvorbeugung und Krisenbewältigung müssen unsere Offiziere mehr denn je von solchen Werten überzeugt sein. Die ethische und politische Notwendigkeit eines Einsatzes muß jeder Soldat für sich persönlich uneingeschränkt annehmen und dafür einstehen. Bei den bisherigen internationalen Einsätzen hat sich gezeigt, daß die klassischen militärischen Fähigkeiten und Tugenden weiterhin unabdingbare Voraussetzungen bleiben. Darüber hinaus verlangen moderne Krisen von den Soldaten der Bundeswehr verstärkt Mut und Hilfsbereitschaft, Achtung und Respekt vor Menschen und ihrer Kultur. Gerade der Offizier muß differenziert politisch urteilen können, er muß entscheiden, ob er ein militärisches Mittel einsetzt oder es geeigneter erscheint, durch Verständigung und Kooperation zum Ziel zu gelangen. Soziale Kompetenz, die Fähigkeit zur Kommunikation und zu geschicktem Verhandeln sind heute wichtige Anforderungen an den Offizier, viel mehr noch als in der Vergangenheit. Der Soldat, zumal der Offizier, wird als Vermittler, als Schlichter oder als Puffer in Konfliktsituationen gebraucht, er muß politisches Urteilsvermögen, diplomatisches Fingerspitzengefühl und Charakterstärke haben, um zwischen Parteien vermitteln zu können, die sich noch vor kurzem erbittert bekämpft haben.

Mißtrauen und Haß kann nur überwinden, wer sich in die Menschen hineindenken und sie verstehen will.

In allen meinen Gesprächen mit Angehörigen der Bundeswehr fand ich bestätigt, daß die Soldaten ihren Beruf heute in diesem Sinne auffassen.

Krieg im Kosovo
und die humanitäre Hilfe

12. APRIL 1999

Der SPD-Parteitag hat mit rund 85 Prozent der Dele-
gierten der Linie von SPD-Vorstand und Regierung zuge-
stimmt. Die Rede von Erhard Eppler über die Tragik der
Entscheidung zwischen Handeln oder Untätigkeit und
daß man in beiden Fällen Schuld auf sich laden könne,
beeindruckt mich. Anträge, die einen Waffenstillstand
fordern, fanden keine Mehrheit. Ein Waffenstillstand hät-
te in dieser Woche die Bemühung der Regierung um
Zustimmung zu einem Friedensplan und Stabilitäts-pakt
geschwächt, unter Umständen sogar unterminiert.

13. APRIL 1999

Gespräch mit dem albanischen Außenminister Paskal Mi-
lo. Er bestätigt die Informationen über die grauenhafte
Situation der Menschen im Kosovo. Die jugoslawischen
Einheiten haben in Nordalbanien Dörfer beschossen.

Die Nato setzt für die militärischen Maßnahmen jetzt 700
Flugzeuge ein, davon 500 aus den USA. Der Druck auf
Milošević steigt. Den serbischen Truppen, der »Spezial-
polizei« und den Paramilitärs im Kosovo fehlt Nach-
schub, insbesondere Treibstoff, und ihre Bewegungs-
fähigkeit ist zunehmend eingeschränkt.

Wir werden das Flüchtlingslager im makedonischen
Neprosteno Stück für Stück an internationale Hilfsorga-
nisationen übergeben. Die humanitären Maßnahmen lau-
fen mit unveränderter Intensität weiter. Auf die Infor-
mationen von Joschka Fischer über seine Gespräche in
Moskau und in der Ukraine bin ich gespannt. Die ame-
rikanische Außenministerin Albright und ihr russischer
Kollege Iwanov treffen sich in Oslo.

Die intensiven Bemühungen Joschka Fischers um eine
Durchsetzung des Fünf-Punkte-Plans hatten zunehmend
Erfolg. Das Treffen von Madeleine Albright und Igor Iwanov verstand ich als ein Signal dafür, daß unbeschadet
der immer noch unklaren und in Moskau offenbar höchst
umstrittenen Linie der russischen Politik ausgelotet wurde, welche Möglichkeiten für eine russische Beteiligung
an einem Friedensprozeß bestanden. Der Nato-Rat hatte
am Vorabend, wie zuvor schon die Außenminister der
Europäischen Union, dem Fünf-Punkte-Plan zugestimmt.
Mit Rußland blieb insbesondere strittig, wie eine internationale Präsenz im Kosovo gestaltet werden und wer
sie führen sollte – die Nato oder die Vereinten Nationen
– sowie nach wie vor, ob die Stationierung dieser Friedenstruppe ausschließlich von einer Zustimmung Belgrads abhänge.

Rudolf Scharping besucht über Pfingsten das Vertriebenenlager Cegrane in Makedonien. (©BMVg/Detmar Modes)

Jubelnd wird der Verteidigungsminister am 24. Mai 1999 von den Vertriebenen in Cegrane empfangen. (© BMVg/Detmar Modes)

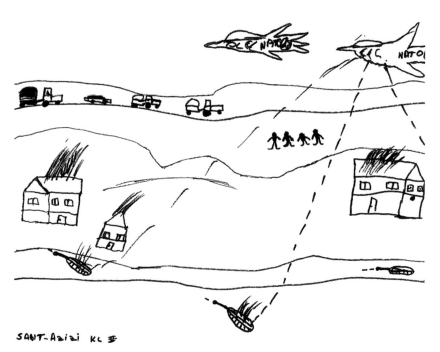

SAUT-AZIZI KL II

Bilder, wie sie acht- und neunjährige Kinder im Vertriebenenlager Neprosteno gemalt haben.

Krieg, Mord und Zerstörung – wie Kinderaugen sie sehen.

Zuerst war das Lager Cegrane für 16 000 Menschen konzipiert, am Ende des Krieges lebten 50 000 Kosovo-Albaner in der riesigen Zeltstadt.
(© BMVg/Detmar Modes)

Rudolf Scharping mit Bundeswehr-Soldaten, die das Flüchtlingslager in Makedonien aufgebaut haben. (© BMVg/Detmar Modes)

Bei der Pressekonferenz am 27. April 1999 auf der Hardthöhe zeigt Vertei-
digungsminister Scharping Bilder von verstümmelten Leichen, die ein
OSZE-Beobachter in dem kleinen Dorf Rogova aufgenommen hat.
(© dpa/Martin Athenstädt)

Außenminister Joschka Fischer (li.) und Verteidigungsminister Rudolf
Scharping (re.) verlassen die Ortschaft Velika Krusa, wo – nach ersten
Untersuchungen – serbische Einheiten Massaker an
Kosovo-Albanern verübt hatten. (© dpa/Peter Kneffel)

Rudolf Scharping versucht die zehnjährige Valbon Duraku zu trösten, die mit ihrer Mutter in dem völlig zerstörten Dorf Velika Krusa lebt.

(© dpa/Peter Kneffel)

Joschka Fischer und Rudolf Scharping nehmen mit britischen Gerichtsmedizinern das zerstörte Haus in Velika Krusa in Augenschein, in dem 25 bis 30 Kosovo-Albaner, auch Kinder, zusammengetrieben und hingerichtet wurden. (© PIZ)

Im Juni 1999 besuchte Rudolf Scharping die deutschen Soldaten der KFOR im Kosovo. (© PIZ)

Die Verteidigungsminister der EU-Mitgliedsländer und der europäischen Nato-Staaten bei einem informellen Treffen auf der Hardthöhe am 28. Mai 1995. (unten, v. li. n. re.): Jan Erik Enestam (Finnland), Vladimir Vetchy (Tschechische Republik), Werner Fasslabend (Österreich), José Cutileiro (WEU-Generalsekretär), Rudolf Scharping, Jean-Paul Poncelet (Belgien), Hans Haekkerup (Dänemark). (Mitte, v. li. n. re.): Frank De Grave (Niederlande), Carlo Scognamiglio (Italien), G. Palsson (Island), Apostolos-Athanasios Tsohatzopoulos (Griechenland), Janos Szabo (Ungarn), Eamonn Ryan (Irland), Alex Bodry (Luxemburg). (oben, v. li. n. re.): George Robertson (Großbritannien), Björn von Sydow (Schweden), E. Pereira dos Penedos (Portugal), Eldbjorg Löwer (Norwegen), Janusz Onyszkiewicz (Polen), Eduardo Serra (Spanien), Hikmet Sami Türk (Türkei) (© BMVg)

gewähren. Es käme jetzt auf die Fähigkeit an, sagte ich, ein mögliches politisches Ergebnis garantieren zu können, statt die Fähigkeit zur Invasion zu entwickeln. Letzteres hätte im übrigen sofort alle Bemühungen um eine Einbeziehung Rußlands und einen Beschluß des Weltsicherheitsrats zur Illusion gemacht.

Die Diskussion endete an diesem Abend mit dem Ergebnis, alle Fähigkeiten zum Erreichen, zur Garantie oder Durchsetzung einer politischen Lösung zu entwickeln und dafür die Truppen in Makedonien zu verstärken. Doch damit war die öffentliche und interne Debatte über den Einsatz von Bodentruppen und eine mögliche Invasion längst nicht beendet.

Schließlich stimmten die Außen- und Verteidigungsminister den Überlegungen zu, wie und unter welchen Bedingungen die Luftangriffe der Nato eingestellt werden könnten. Der von manchen belächelte, von vielen kritisierte und als vage Hoffnung abgetane »Fischer-Plan« wurde am darauffolgenden Tag von den Staats- und Regierungschefs der Nato als offizielle Kosovo-Strategie des trans-atlantischen Bündnisses beschlossen.

26. APRIL 1999

Die Bundeswehr hat das Flüchtlingslager in Neprosteno an das »International Rescue Committee« übergeben. Unsere Soldaten haben rund um die Uhr geschuftet – jetzt sind sie frustriert. » Was wir essen, sollen auch die Flüchtlinge bekommen«, hatte ich von unseren Leuten gehört.

Statt warmem Essen gab es nun kalte Fertiggerichte,
Strom und warmes Wasser waren abgestellt, jetzt galten
internationale und deutliche niedrigere Standards.

Ich höre von ersten Rissen im Machtgefüge Belgrads, von
Militärs unter Hausarrest und von Unternehmern, die um
ihre Geschäfte bangen.

In der täglichen Pressekonferenz kündigte ich an: »Wir
werden Ihnen Fotos präsentieren von einem Massaker,
das schon am 29. Januar 1999 stattgefunden hat. (…) Ich
rate allerdings dazu, gute Nerven mitzubringen, denn das
sind Bilder, die ein OSZE-Beobachter aufgenommen hat,
und wir haben erst Ende der letzten Woche erfahren, daß
er diese privaten Bilder unter etwas riskanten Umständen
gemacht hat. (…) Sie können genau sehen, was da schon
seit Januar im Gange ist.«

Werde übermorgen kurzfristig nach Moskau fliegen; will
einen eigenen Eindruck gewinnen.
Zu dieser Reise unmittelbar nach dem Nato-Gipfel hat-
te ich mich nach kurzer Konsultation in der Bundesre-
gierung entschlossen. Der Wille zu intensiven Gesprächs-
kontakten sollte untermauert werden, der direkte
Eindruck das Bild von der russischen Politik vervoll-
ständigen.

In der täglichen Erörterung der politischen und militärischen Situation wurde mir geschildert, daß etwa 30 Prozent der jugoslawischen Luftabwehr zerstört seien, etwa 50 Prozent der militärischen Infrastruktur, also Führungseinrichtungen, Munitionslager, Munitionsfabriken, Bunker.

Der Krieg scheint auf zwei verschiedenen Ebenen stattzufinden. Aus der Luft bekämpft die Nato das serbische Militär, um seine mörderische Gewalt zu brechen. Am Boden tobt sich aber unabhängig davon diese Gewalt gegen die Kosovo-Albaner aus. Dieser Widerspruch ist sehr belastend. Satellitenbilder zeigen Massengräber, Frauen berichten der OSZE von systematischen Vergewaltigungen, das UNHCR erhält Informationen über junge Frauen und Kinder, die man als menschliche Schutzschilde für ein Munitionsdepot in Prizren mißbraucht. Lese ein Interview in der Berliner Tageszeitung *über Vergewaltigungen von Kosovo-Albanerinnen mit der Gynäkologin Monika Hauser, kann gut nachvollziehen, was sie sagt:* »Ich war eine pazifistische Feministin, als ich 1992 nach Bosnien gegangen bin. Aber ich habe in dieser Situation gemerkt, daß Pazifismus ein Luxusartikel ist. Ich denke, wenn man mit demokratischen Mitteln nicht mehr weiterkommt, dann gibt es keinen anderen Weg mehr. Milošević muß nach Den Haag. Dieses Regime muß weg.«

Die Außenminister der Europäischen Union tagen in Luxemburg. Die Initiativen der Bundesregierung und des Außenministers kommen voran.

Zu den Beschlüssen der Außenminister gehörte ein umfangreiches Embargo mit Reisebeschränkungen, Beschränkungen des Finanztransfers und ein Einfuhrstop für jede Form militärisch nutzbarer Güter. Diese Beschlüsse waren längst überfällig. Wie wir später erfuhren, hatten sie unmittelbare Wirkung auch innerhalb der serbischen Geschäftswelt. Manchmal bewirkt es doch einiges, wenn man einem einflußreichen und Milošević-nahen Geschäftsmann wie Karić und seiner Frau die Reise in ein westliches Land verweigert und seine Konten sperrt!

28. APRIL 1999

Auf dem Flug nach Moskau lese ich in umfangreichen Unterlagen des Auswärtigen Amtes, um meine Gespräche vorzubereiten. Die Lage spitzt sich immer weiter zu: Schätzungen gehen jetzt von bis zu 850 000 Vertriebenen aus. Nach Albanien wurden bisher 360 000, nach Makedonien über 130 000 und nach Montenegro 65 000 Menschen vertrieben. Die Entvölkerung des Kosovo ist zugleich eine perfide Strategie, um die Nachbarstaaten Jugoslawiens zu destabilisieren. Liegt das im Interesse Moskaus?

Ich analysiere für mich die Situation: Seit dem Nato-Gipfel sollten keine Zweifel mehr an der Geschlossenheit des Bündnisses bestehen.

Die politischen Bemühungen sind ehrgeizig, und die Kontakte werden immer enger. Tschernomyrdin war in Belgrad, der stellvertretende amerikanische Außenmini-

ster Talbott in Moskau, Kofi Annan ist heute in Berlin und trifft Talbott und Fischer und wird danach nach Moskau reisen. Das Netz der internationalen Konsultationen wird dichter. Die Überlegungen zu einer Umsetzung der seit langem diskutierten Bedingungen zur Lösung des Kosovo-Konflikts in einer Resolution der Vereinten Nationen nehmen Gestalt an.

Dem stand auch nicht entgegen, daß der russische Außenminister Iwanov am 22. April in der französischen Tageszeitung *Le Monde* die bekannte russische Kritik an der Nato wiederholt und teilweise so argumentiert hatte, als habe er mit der amerikanischen Außenministerin Albright am 13. April in Oslo überhaupt nicht geredet. Iwanovs Vorschlag einer sofortigen Beendigung der Kampfhandlungen und der Repressionsmaßnahmen hätte man ja noch zustimmen können, aber ein Rückzug der Streitkräfte und der serbischen »Spezialpolizei« im Rahmen der im Oktober 1998 vereinbarten Obergrenzen war reine Illusion geworden. Wie sollen denn die Kinder und Ehefrauen der Ermordeten mit den Mördern zusammenleben und sich von ihnen schützen lassen? Niemals würden wir eine Rückkehr der Vertriebenen in die Hände der Mörder dulden! Mit seiner Position wollte Iwanov offenkundig noch einmal deutlich machen, daß es in der Frage einer internationalen Militärpräsenz im Kosovo keine Änderung in der russischen Haltung geben würde und daß Rußland die Zustimmung Belgrads für unabdingbar hielt. Mag sein, daß dies nur eine für die Öffentlichkeit formulierte Position war und daß Rußland intern doch die Gesprächsergebnisse auf der Ebene der politischen Direktoren der G8 vom 8. und 9. April 1999 akzeptieren und der Forderung nach Abzug aller jugoslawischen

Kräfte zustimmen würde. Offen blieb auch, ob und wie Rußland bereit sein könnte, die strittigen Fragen über eine Resolution des Weltsicherheitsrats gemeinsam mit dem Westen zu beantworten.

Bei den Gesprächen festigte sich mein zuvor ganz allgemeiner Eindruck, daß die Positionen meiner Gesprächspartner nicht identisch waren. Der russische Außenminister, der russische Verteidigungsminister und der Sonderbeauftragte des Präsidenten, Viktor Tschernomyrdin, argumentierten durchaus unterschiedlich. Trotzdem entnahm ich dem Treffen doch Fortschritte für das Ziel einer Resolution des Weltsicherheitsrats.

Auf der Fahrt zu Tschernomyrdin in Moskau schnell mit dem Kanzleramt telefoniert: Tschernomyrdin wird nach Bonn kommen. Das Gespräch war offen, die Atmosphäre herzlich. Wir erinnerten uns an gemeinsame Begegnungen bei verschiedenen Gelegenheiten und einer kleinen Hilfestellung, die ich für Tschernomyrdin in meiner Zeit als Mainzer Ministerpräsident organisieren konnte.

Wenn die internationale militärische Präsenz zur Garantie eines UN-Mandats oder einer politischen Vereinbarung für Moskau der zentrale Punkt sein sollte, lassen sich an ihm auch gewisse Verschiedenheiten in den Ausgangspositionen deutlich machen. Mir war klar, daß noch harte Arbeit notwendig war, um folgende Ansichten zusammenzuführen: Einerseits wurde argumentiert, daß an der internationalen Sicherheitsgarantie und Friedenstruppe kein Staat beteiligt sein dürfe, der an den Angriffen beteiligt war. Wie aber sollten Rußland, die Ukraine und neutrale Staaten eine internationale Präsenz und zugleich

Vertrauensbasis garantieren, die die geflohenen Kosovo-Albaner zur Rückkehr ermutigen könnte? Andererseits wurde in Moskau hier und da eine Beteiligung der Nato an der Friedensgarantie für durchaus sinnvoll gehalten, falls sie so ähnlich organisiert wäre wie in Bosnien. Manche lehnten aber gerade jenes Modell offen ab. Insgesamt zeigen mir die Gespräche, daß noch mehr Kommunikation und gemeinsame Kontakte für mehr Vertrauen notwendig wären. Die europäischen Staaten und insbesondere der Ratsvorsitzende Schröder sowie der deutsche Außenminister hatten dafür schon sehr viel geleistet. Dennoch: Mit Blick auf die Möglichkeiten der G8 und die bilateralen Kontakte zwischen den USA und Rußland schien mir noch einiges zu tun zu sein.

Auf dem Rückflug habe ich mit General Kujat und den übrigen Mitarbeitern die Moskauer Gespräche ausgewertet. Der Vermerk für den Außenminister ist abgefaßt.

29. APRIL 1999

Das Elend nimmt weiter zu. Allein gestern und vorgestern kamen Tausende von erschöpften Vertriebenen über die Grenzen. Die Brutalität eskaliert, die Fliehenden ziehen buchstäblich an Bergen von Leichen vorbei. Mir geht eine alte Angst durch den Kopf: Dieser Verbrecher will einen Waffenstillstand auf dem Friedhof.

Habe heute nachmittag den Journalisten Bilder gezeigt, die acht oder neun Jahre alte Kinder in Neprosteno gemalt

haben. Die Bilder schienen niemanden wirklich zu inter-
essieren. Schleicht sich Gewöhnung ein?

In den Beratungen des Nato-Rats mit dem stellvertretenden amerikanischen Außenminister Strobe Talbott
stimmt man mit der Einschätzung überein, daß Rußland
sich in wichtigen Fragen von der Belgrader Haltung abzu-
setzen beginne, aber an der strikten Ablehnung der Nato-
Luftoperation festhalte. Es sollte in den nächsten Wochen
zur entscheidenden Frage werden, wie man die zeitliche
Abfolge der politischen und diplomatischen Schritte so
organisieren könnte, daß die Befassung des Weltsicherheitsrats, die Einstellung der Luftangriffe und eine Entscheidung des Weltsicherheitsrats möglichst rasch, vielleicht in der berühmten »juristischen Sekunde«, erfolgen
könnte. Ich hatte dem Bundeskanzler und dem Außenminister nach meinem Besuch in Moskau schon mitgeteilt, daß ganz offenkundig die russische Politik von der
Sorge beherrscht wurde, die Nato könne den gesamten
Balkan gewissermaßen unter ihre Kontrolle bringen. Daß
praktisch alle Balkanstaaten mit Ausnahme Jugoslawiens
eine Mitgliedschaft in der Nato anstrebten, blieb in dieser russischen Betrachtung – stark geprägt von der früheren traditionellen Machtpolitik – außer Betracht. Wie der
andere russische Vorbehalt – nämlich alle Entscheidungen des Weltsicherheitsrats von einer Zustimmung Belgrads abhängig zu machen – überwunden werden könnte, spielte in allen unseren Überlegungen eine
entscheidende Rolle; eine Antwort darauf fanden wir
zunächst nicht, auch nicht im Nato-Rat an diesem Tag.

Zurück vom polnisch-deutschen Gipfel in Danzig. Habe mich über das Wiedersehen mit Janusz Onyskiewicz gefreut. Bin ein wenig durch Danzig gelaufen und habe dabei Austauschschüler getroffen, die mir erzählten, daß sie am Beginn ihres Austausches kein Wort polnisch sprachen. Wir sollten mit dem polnisch-deutschen Jugendwerk großzügiger umgehen. Wer sich besser kennt und schätzt, fällt nicht morgen übereinander her. Über das Kosovo gibt es zwischen polnischer und deutscher Politik keine Differenzen.

Staatssekretär Ischinger vom Auswärtigen Amt ist in Moskau, Tschernomyrdin erneut in Belgrad. Abwarten, was dabei herauskommt. Die Ungeduld wächst, auch die Zweifel, ob die Nato ihr Ziel erreichen kann.

Soll ich tatsächlich dem Wunsch entsprechen und einen deutschen General als Sprecher nach Brüssel zur Nato entsenden, wie das Javier Solana kürzlich mit einigem Nachdruck erbeten hatte?

1. MAI 1999

Aus der Lagebesprechung im Verteidigungsministerium erfahre ich, daß in der Nacht zuvor ein Flugzeug wegen eines Triebwerkschadens abgestürzt ist. Die Rettungsaktion war nach drei Stunden erfolgreich abgeschlossen. Es erleichtert mich, daß in vierzig Tagen nicht ein einziger Pilot ums Leben gekommen ist.

Die hohe Zahl der Einsätze hat in der Öffentlichkeit zu Mißverständnissen geführt. Deshalb werden wir mehr betonen müssen, daß nur rund 30 Prozent dieser Einsätze der Bekämpfung von Zielen dienen und die restlichen Einsätze der militärischen Aufklärung und dem Schutz der Flieger.

Schon in den letzten Tagen hatten wir der Presse am Beispiel einer Bunkeranlage im Kosovo die Schwierigkeiten solcher Lufteinsätze zu verdeutlichen versucht. Eine in einem Berg gelegene Bunkeranlage mit einer größeren Zahl von Einzelbunkern erforderte die Bekämpfung jedes einzelnen Bunkereingangs mit Präzisionswaffen, also viele Flüge. Im übrigen waren alle Angriffe, beispielsweise jener auf den Flugplatz in Priština, zugleich ein Wettlauf mit der Zeit. Natürlich versuchte das jugoslawische Militär, Schäden wieder zu reparieren und die eigenen Kapazitäten einsatzfähig zu halten. In den letzten Tagen hatte sich die militärische Lage im Kosovo nicht wirklich verbessert. Nur an einem Drittel der Tage seit dem Beginn der Luftangriffe war das Wetter für die Einsätze überhaupt geeignet gewesen. Die Aufregung um eine fehlgeleitete und in Bulgarien eingeschlagene HARM-Rakete, die eigentlich der Bekämpfung von gegnerischen Radarstellungen und gegnerischer Luftverteidigung dienen sollte, zeigte mir:

Unbeabsichtigte zivile Schäden werden mit großer Aufmerksamkeit registriert. Die Zielauswahl müßte noch sorgfältiger sein. Man darf sich dennoch keine Illusionen darüber machen: Man kann keinen Krieg ohne Schäden für die Zivilbevölkerung führen.

Mit welchen Belastungen die Piloten dabei zurechtkommen müssen, wurde mir bei einer anderen Besprechung im Führungszentrum auf der Hardthöhe wieder deutlich. Ich sah einen Videofilm, aufgenommen aus dem Cockpit eines eingesetzten ECR-Tornados, der bei seinem Einsatz vom gegnerischen Radar erfaßt und dann beschossen wurde. Man hört lautes Schreien, sieht ein blitzschnell eingeleitetes Ausweichmanöver, ein Absturz aus einer Flughöhe von über 22 000 Fuß auf weniger als 8000 Fuß, eine Beschleunigung auf das 1,3fache der Schallgeschwindigkeit. Unter höchster nervlicher und körperlicher Anspannung rettet sich die Flugzeugbesatzung.

Am Abend notiert: Ein eigenartiger »Tag der Arbeit«. In Ludwigshafen sprach ich zunächst zur wirtschaftlichen Entwicklung, zum Arbeitsmarkt, zur Bekämpfung der Jugendarbeitslosigkeit, zum Erfolg des entsprechenden Programms von Walter Riester – begleitet von Trillerpfeifen und lautem Gebrüll. Die vielleicht 150 Demonstranten wollten nicht hören, was man sagt und wie man argumentiert. Der Redner sollte einfach niedergeschrien werden. Wo waren diese Leute mit ihrem Protest, als das Massaker von Račak geschah, als die Vertreibung begann, als Menschen auf bestialische Weise umgebracht wurden, als die Köpfe von Leichen mit Baseballschlägern zertrümmert, als Frauen vergewaltigt wurden? Ich stelle diese Fragen unter lautem Gebrüll der einen und großem Beifall der etwa 1500 anderen Zuhörer. Nach der Rede gehe ich zu den Demonstranten an die Absperrgitter, große Aufregung bei den Sicherheitsbeamten. Kein Wun-

der bei den vielen Drohungen, »Todesurteilen« und Morddrohungen, die ich erhalte. Werde trotzdem weiter versuchen, mit Protestierenden zu reden.

Tschernomyrdin erreicht in Belgrad keinen Fortschritt, Solana sieht die Schlußphase des Krieges gekommen. Das halte ich für zu optimistisch. Die Rede eines Privatmannes in Saarbrücken läßt mich gleichgültig.

2. MAI 1999

Die drei US-Soldaten sind frei; endlich mal ein Grund zur Freude.

Aus der Lage im Verteidigungsministerium: Die Vertreibungen nehmen wieder stark zu. Die Hilfsorganisationen schaffen den Zeltaufbau nicht mehr. Jetzt werden auch außereuropäische Länder um Aufnahme von Vertriebenen gebeten.

Das Flüchtlingslager in Cegrane ist mit über 16 000 Vertriebenen völlig überfüllt. Wir werden noch mehr Soldaten einsetzen müssen.

In dreißig Tagen hat die Bundeswehr 225 Hilfsflüge unternommen und 2400 Tonnen Material transportiert. Es ist zum Haare ausraufen: Die Kapazität des Flughafens in Tirana, die schlechte Organisation beim Umschlag der Hilfsgüter setzen Grenzen. Die Entsendung von »helfenden« Soldaten wird immer dringender.

Zwischenzeitlich hatte in Wien ein interessantes Treffen zwischen amerikanischen und russischen Abgeordneten

und Vertretern serbischer Unternehmen stattgefunden.
Was diese berichtet hatten, deckte sich mit früheren Infor-
mationen, wonach es in der serbischen Führung erkenn-
bare Risse gibt. Es bleibt also nicht bei den Desertionen,
der Flucht vor der Einberufung und den Protesten der
Eltern von Soldaten, sondern auch wirtschaftlich Mäch-
tige, die um ihr Geld, ihre Geschäfte und ihre Zukunfts-
chancen fürchten, gehen zunehmend auf Distanz.

3. MAI 1999

Außerhalb des Kosovo leben jetzt über 660 000 Vertriebene, innerhalb des Kosovo sind fast ebenso viele hei-
matlos.

Die Bundesregierung hatte am Morgen einen Antrag
an den Bundestag beschlossen, damit die Beteiligung der
Bundeswehr an Hilfsmaßnahmen in Makedonien und in
Albanien sofort eingeleitet werden konnte. Daran wollten sich Mitgliedstaaten der Nato, aber auch neutrale
Länder beteiligen, beispielsweise Österreich, Schweden,
Lettland, Litauen oder Rumänien. Gleichzeitig sollte der
Einsatz der Aufklärungsdrohnen auch über südjugosla-
wischem Gebiet nachträglich gebilligt werden, damit dort
vermutete Artillerie-Stellungen aufgeklärt würden und
gegebenenfalls mehr zum Schutz der in Makedonien stationierten Truppen getan werden konnte. Vor diesem
Hintergrund konnte ich in vielen internen Gesprächen nur
noch den Kopf darüber schütteln, daß diese Hilfsleistungen (»Allied Harbour«) immer wieder als Vorbereitungen für die Aufstellung von Bodentruppen und eine Inva-

sion gesehen wurden. Allein ihre internationale Zusammensetzung machte diesen Verdacht absurd.

Den Verteidigungsausschuß des Deutschen Bundestags informierte ich außerdem darüber, daß jugoslawische Luftabwehr, Luftwaffe, Kommunikation, Logistik und der Nachschub jetzt so stark geschwächt seien, daß man sich vermehrt auf die Bekämpfung von Zielen im Kosovo konzentrieren könne. Beispielsweise waren 75 bis 80 Prozent der »Raffineriekapazität« Jugoslawiens unbrauchbar gemacht worden. Ich verwendete diese Formulierung ganz bewußt, denn die Raffinerieanlagen selbst wurden in aller Regel nicht angegriffen, sondern vor allem die Umladestationen und in Einzelfällen die Treibstofflager, während die technischen Anlagen möglichst unbeschädigt bleiben sollten. Laut Nato sollten außerdem etwa 300 Panzer, Artilleriestellungen und Schützenpanzer im Kosovo durch die Luftangriffe getroffen, stark beschädigt und zum großen Teil zerstört worden sein.

4. MAI 1999

Wegen der fortdauernden öffentlichen Diskussion über den Einsatz von Bodentruppen überlegten wir am Rande der üblichen Nato-Treffen, daß man jetzt besser keine Festlegungen zur Zusammensetzung einer internationalen militärischen Präsenz im Kosovo treffen sollte. Die allgemeine Einschätzung war, daß man an einer Führung der internationalen Sicherheitspräsenz im Kosovo durch die Nato festhalten müsse. Anders sei das für die Rückkehr der Vertriebenen notwendige Vertrauen nicht zu erlangen und außerdem bestünde die Gefahr, daß sich eine Reihe von Mitgliedstaaten der Nato angesichts der miserablen Erfahrungen mit UNPROFOR in Bosnien nicht beteiligen würden, sollte es für die internationale Friedenstruppe wieder eine geteilte Verantwortung, einen »doppelten Schlüssel«, wie damals in Bosnien geben.

In den militärischen Stäben der Nato wurde parallel dazu an möglichen Optionen für den Einsatz von Bodentruppen weitergearbeitet. Daß man solche Optionen durchprüfte, war in meinen Augen schon deshalb normal, weil Politik solche Entscheidungsgrundlagen braucht. Ich hielt allerdings in allen Gesprächen an der in Washington gefundenen Übereinstimmung fest, daß jetzt – angesichts der erreichbar erscheinenden politischen Fortschritte – alle Kräfte, politische wie militärische, darauf konzentriert bleiben müßten, die militärische Absicherung einer friedlichen Lösung für das Kosovo vorzubereiten. Die öffentlichen Debatten über dieses Thema blieben deshalb ärgerlich ungenau, weil sie weiterhin ignorierten, daß eine internationale Truppe zur Garantie der Rückkehr der Flüchtlinge völlig anders zusammengesetzt sein mußte als eine Truppe, die am Boden kämpfend bewerkstelligen sollte, was durch die Luftangriffe möglicherweise nicht erreicht worden war.

In der Nato wurde erneut diskutiert, ob man politisch durch eine Pause in den Luftangriffen vorankommen könne. Es herrschte völlige Übereinstimmung darüber, daß Jugoslawien die Zerschlagung der UÇK bisher nicht gelungen sei und man die Vollendung von ethnischen Säuberungen nicht akzeptieren werde. Im übrigen zeigten die Luftangriffe ja Wirkung, deshalb sollten die Luftangriffe so lange fortgesetzt und intensiviert werden, bis Milošević einlenken würde oder eine politische Lösung, gegebenenfalls durch Entscheidung des Weltsicherheitsrats, erreicht sei.

General Jertz nimmt seine Arbeit als Sprecher der Nato neben Jamie Shea auf. Wir hatten uns zuvor ausführlich unterhalten. Es ist vereinbart, daß Jertz alle Informationen bekommt, an allen, auch den amerikanischen Besprechungen teilnimmt. Jertz hatte ich gesagt, er solle sofort nach Deutschland kommen, wenn diese mit Solana und Clark vereinbarten Modalitäten nicht eingehalten würden. Ich hatte solche Zweifel zwar nicht, der Mann wird aber Dinge erklären und in deutscher Uniform dafür geradestehen; da braucht er festen Rückhalt und ein festes Rückgrat neben guter Sachkenntnis.

Die Gespräche mit Vertriebenen in Ingelheim (am Rande des Besuchs des amerikanischen Präsidenten Clinton) bestätigen alle bisher schriftlich vorliegenden Informationen. Es fällt mir schwer, meine Gefühle zu beherrschen. Bisher hatte ich noch nie mit Menschen gesprochen, deren nächste Angehörige vor ihren Augen massakriert worden waren. War mir unsicher, ob meine Umarmung wirklich tröstet.

Clinton und Schröder finden mit ihren Reden große Zustimmung, beide sprechen einfach und klar, sie erreichen die Vertriebenen und machen ihnen Hoffnung auf eine baldige Rückkehr in ihre Heimat.

Auf dem Petersberg hatten sich die EU-Außenminister der Gemeinschaft getroffen. Zum Abschluß gab Joschka Fischer als der amtierende Vorsitzende der Gemeinschaft eine Erklärung ab: Die G8 hätten sich auf allgemeine Grundsätze zur politischen Lösung der Kosovo-Krise geeinigt. Sie beinhalteten ein unverzügliches und nachprüfbares Ende der Gewalt und Unterdrückung im Kosovo, den Rückzug militärischer, polizeilicher und paramilitärischer Kräfte aus dem Kosovo, die Stationierung von wirksamen internationalen zivilen und militärischen Sicherheitspräsenzen im Kosovo, die von den Vereinten Nationen gebilligt und beschlossen sind. Sie sollten gewährleisten, daß die gemeinsamen Ziele erreicht werden. Im Namen der G8 forderte Fischer erneut die sichere und freie Rückkehr aller Flüchtlinge und Vertriebenen und für humanitäre Hilfsorganisationen ungehinderten Zugang zum Kosovo. Außerdem solle eine Übergangsverwaltung geschaffen werden, um für alle Einwohner ein friedliches und normales Leben sicherzustellen und eine substantielle Selbstverwaltung für das Kosovo nach den Plänen von Rambouillet vorzubereiten.

Das sah nach einem wesentlichen Fortschritt aus, auch wenn die Sprache der Diplomatie zum Teil ungewöhnlich gedrechselt und kompliziert erscheint. Die Differenzen zwischen den Beschlüssen des Nato-Gipfels und diesen allgemeinen Grundsätzen der G8 schienen mir überwindbar. Erstmals wurden »zivile und militärische Sicherheitspräsenzen« genannt, eine Brücke zwischen den verschiedenen Auffassungen und Aufgaben. Fischer sagte zu Recht, man sei dem Frieden einen Schritt näher gekommen.

Ich habe mir für den späten Abend noch einige Unterlagen mitgenommen, wollte lesen. Der Bericht von Human-Rights Watch dokumentiert die vorsätzliche und systematische Vernichtung von Menschen, ihrer Würde und Identität. Die vergewaltigten Flüchtlingsfrauen benutzten, lese ich, nach der Vergewaltigung eine Art Ersatzsprache, um nicht über ihre demütigenden Erlebnisse berichten zu müssen. Vergewaltigung allein ist schon eine abscheuliche Grausamkeit, wenn aber Frauen vor Zeugen, möglicherweise vor ihren Kindern, vergewaltigt werden, steigert sich die Grausamkeit ins Grenzenlose und hat auch Folgen für den Zusammenhalt in den traditionell geprägten albanischen Familien. Vergleichbare Berichte lagen beim UN-Kinderhilfswerk UNICEF oder auch bei »Medica Mondiale« vor. Zornig und verzweifelt über solche Berichte, fällt mir ein Interview mit dem früheren General der jugoslawischen Volksarmee Vuk

Obradović in die Hände. *Sein Mut ist bewundernswert, er hat sich gegenüber britischen, kroatischen und auch deutschen Medien geäußert und unter anderem gefordert, daß die jugoslawische Staatsführung die Forderung der internationalen Gemeinschaft annehmen sollte:* »*Für einen Abbruch der Bombardierung genügte es, daß Milošević den Telefonhörer abhebt und sagt, daß er die Bedingungen akzeptiert.*« *Aus internen Quellen weiß ich, welches Risiko dieser Vorsitzende einer kleinen sozialdemokratischen Partei, noch dazu in Belgrad, eingeht. Ein anderer Oppositioneller, Zoran Djindjić, war nach Montenegro geflohen und hielt von dort aus telefonischen Kontakt mit dem Ausland. Der Druck auf die Opposition wird immer größer, die Brutalität im Kosovo wächst, wenn das überhaupt noch möglich ist. Trotzdem: Heute gab es einen ersten substantiellen Fortschritt auf der Ebene der G8 und hinsichtlich einer Beteiligung Rußlands. Meine Hoffnung wächst, trotzdem wird es noch lange dauern.*

7. MAI 1999

Der Bundestag billigte den Einsatz von weiteren Soldaten für Hilfsaktionen in Makedonien und in Albanien mit 566 gegen 43 Stimmen bei sieben Enthaltungen.

In Cegrane waren jetzt 25 000 Menschen untergebracht, das Vertriebenenlager soll auf 50 000 Plätze erweitert werden.

Abends spät, nach einem langen Gespräch mit Stützle, Kujat und anderen, mischt sich erstmals nach Wochen der Anspannung ein vorsichtiger Optimismus unter meine Gefühle. Vielleicht läßt sich das Elend tatsächlich wenden. Heute nachmittag waren Walter Kolbow und General Fritz von Korff aus dem Lager in Cegrane in unsere tägliche Pressekonferenz zugeschaltet. Die Menschen sind dort wenigstens in Sicherheit, haben zu essen und zu trinken. Aber sie hausen in den Zelten auf engstem Raum. Es tut weh, an ihre Schicksale zu denken. Was die Soldaten dort an Hilfe leisten, macht mich stolz. Das verdient jede Anerkennung.

8. MAI 1999

Was für ein schreckliches Desaster. Am frühen Morgen erreicht mich die Nachricht, daß in der Nacht die chinesische Botschaft getroffen wurde, womöglich zerstört ist. Auch bei einem Angriff auf den Flugplatz von Niš wurde ein Wohngebiet getroffen. Auch dort zivile Opfer. Das wird politisch ganz schwierig, nicht allein wegen der öffentlichen Meinung und der wachsenden Ungeduld und Unsicherheit; unsere politischen Bemühungen drohen durch diesen schrecklichen Fehler auch ruiniert zu werden.

Es gab hektische Telefonate zwischen den Mitgliedern der Bundesregierung und mit der Nato. Diese hatte zwar ihre Informationspolitik deutlich klarer gestaltet, und die Entsendung von General Walter Jertz als militärischem Sprecher neben Jamie Shea sollte sich bewähren. Ich war völlig ratlos. Wie konnte ein politisch so gravierender und menschlich tragischer Fehler geschehen? Waren die Verfahren der Zielplanung denn nicht präzise genug, von nachrichtendienstlichen Informationen über militärisch bedeutsame Ziele, Luftaufklärung, Computersimulation bis hin zu den präzisionsgesteuerten Waffen? Später, in Kenntnis mancher, aber bei weitem nicht aller Einzelheiten, kam ich zu dem vorläufigen Ergebnis, daß nicht alte Karten, sondern schwere Mängel in den nachrichtendienstlichen Informationen sich mit groben Ungenauigkeiten bei der Eingabe von Koordinaten in die Zielplanung zu diesem schrecklichen Fehler verkettet hatten. Das führte zwar zu Änderungen in diesen Verfahren, an der menschlichen Tragik und dem politischen Desaster änderte diese Erkenntnis selbstverständlich nichts mehr. Wen konnte man nach diesem Unglückstreffer mit den gestern bekanntgegebenen Zahlen von mittlerweile 17 000 Einsätzen in sechs Wochen noch beeindrucken? Wer ließ sich jetzt von deutlichen militärischen Fortschritten, von wachsendem Druck, von steigenden Chancen auf eine politische Lösung überzeugen? Wen würde noch interessieren, daß man neben einer Vielzahl militärischer Ziele im Kosovo auch Bunkeranlagen und Führungseinrichtungen wie das Verteidigungsministerium, den Generalstab und eine Bunkeranlage von Milošević in Belgrad erfolgreich angegriffen hatte?

Die Luftangriffe der Nato wurden in Phasen durchgeführt, um jederzeit auf politische Veränderungen reagieren zu können und um mit möglichst geringen militärischen Mitteln den angestrebten politischen Erfolg zu erreichen; im Oktober 1998 hatte schon die Androhung von Luftangriffen ausgereicht, um das Holbrooke-

Milošević-Abkommen, die Reduzierung jugoslawischer Verbände im Kosovo, die Rückkehr der Flüchtlinge und eine internationale Überwachung durch OSZE und Nato zu erreichen. An jedem Tag des Konflikts, auch nach dem Beginn der Luftangriffe im März 1999, blieb gewährleistet, daß Milošević politisch einlenken konnte.

Die Nato hatte diesen Phasen der Luftangriffe jeweils Zielkategorien zugeordnet. Das »Phasen-Konzept« folgte politischen Prioritäten, die Zielkategorien richteten sich vorrangig nach militärischen Prioritären.

Einzelne Ziele wurden im Nato-Rat nicht diskutiert. Dafür waren die integrierten Stäbe der Nato, unter Beteiligung der Mitgliedstaaten, zuständig. Falls erforderlich, würden Entscheidungen mit den Spitzen der militärischen Führung in den Mitgliedstaaten rückgekoppelt. Alles andere hätte dazu geführt, daß die Vertreter der 19 Mitgliedstaaten über die Phasen und Zielkategorien hinaus auch Konsens über jedes einzelne Ziel hätten erreichen müssen, was jede militärische Operation undurchführbar gemacht hätte.

Der »Primat der Politik«, wie wir ihn in Deutschland durch die Verfassung garantieren, drückt sich in einem Auftrag an die Streitkräfte aus, der Ziele bestimmt sowie nicht überschreitbare politische Grenzen und Bedingungen festlegt, beispielsweise, daß militärische Mittel dem Grundsatz der Verhältnismäßigkeit entsprechen müssen oder möglichst keine unbeteiligten Menschenleben fordern sollen. Nach der politisch fatalen, menschlich tragischen Bombardierung der chinesischen Botschaft in Belgrad präzisierte die Nato die Verfahren der Zielplazierung durch weitere »Sicherungen«. Gleichzeitig wurde die Vermeidung der sogenannten »Kollateralschäden« zum Dauerthema im Nato-Rat. Das führte dazu, daß Risiken noch sorgfältiger abgewogen wurden und in besonderen Fällen auch politische Entscheidungen herbeigeführt wurden – insbesondere in der Schlußphase der militärischen Angriffe.

Ich mache mir große Sorgen. Welche Belastungen werden sich ergeben? Kann man überhaupt noch eine Entscheidung des Weltsicherheitsrats erreichen? Wird China dort von seinem Veto-Recht Gebrauch machen? Was wird aus der geplanten Reise des Bundeskanzlers nach Peking? Fragen über Fragen. Gestern erste hoffnungsvolle Gefühle, heute massive Zweifel, ob die Nato das durchhält und zu einem guten politischen Ende führen kann.

Meine Sorgen kreisten auch um den Parteitag der Grünen. Einige Vertreter von Bündnis 90/Die Grünen waren vorgestern noch einmal ins Verteidigungsministerium gekommen. Im Führungszentrum hatten wir sie, wie schon zuvor am 1. April 1999, ausführlich über alle Einzelheiten der politischen Initiativen, militärischen Maßnahmen und humanitären Hilfe informiert. Ich hatte den Eindruck, daß dies einer sachlichen Einschätzung der Situation diente und auf diese Weise die Politik der Regierungskoalition stabilisieren half.

Droht das jetzt alles wegzubrechen? Was wird dann aus den Menschen, die vertrieben wurden? Was aus den Nachbarstaaten, Albanien und Makedonien? Wieviel Auftrieb bekommen die Forderungen nach einer Pause in den Luftangriffen? Stehen wir an einem Wendepunkt?

157

Angeblich hatte Jugoslawien am Sonntag einen Teilabzug seiner Armee aus dem Kosovo angeordnet. Am Rande der Ministertagung der Europäischen Union wies ich das als Propagandamanöver zurück. Die Belgrader Regierung wollte mit diesem Vorgehen die öffentliche Debatte in allen Nato-Staaten nach dem Bombardement der chinesischen Botschaft weiter anheizen und den Druck auf eine Aussetzung der Luftangriffe erhöhen durch vorgetäuschte Deeskalation im Kosovo; von dieser zynischen Strategie – einerseits von Teilabzug zu reden, andererseits weiter zu morden und zu vertreiben – ließen sich viele fälschlicherweise zu Hoffnung verleiten.

Die Reise des Bundeskanzlers nach China wird verkürzt, wie ich aus unseren internen Beratungen weiß. Es ist zu hoffen, daß es ihm gelingt, der chinesischen Führung die Umstände des Unglückstreffers zu erklären, und daß die Entschuldigung der Nato angenommen wird.

11. MAI 1999

Meine Befürchtungen drohen sich zu bestätigen. In New York hat der chinesische UN-Botschafter gesagt, zuerst müsse die Nato ihre Luftangriffe auf Jugoslawien einstellen; geschehe das nicht, sei es für den Sicherheitsrat der Vereinten Nationen unmöglich, einen Plan zu diskutieren, der das Problem lösen solle. Damit gerät die Initia-

tive der G8-Staaten in Gefahr, denn sie setzt auf ein Mandat des Weltsicherheitsrats.

Bei allen Gesprächen über die zivilen Schäden und die Zerstörung der chinesischen Botschaft: Ratlos warten wir auf Aufklärung der Gründe für einen solch fatalen Fehler. Noch immer Unsicherheit über die politische Entwicklung, aber jetzt gilt es, die politischen und militärischen Maßnahmen mit Festigkeit zu einem guten Ende zu führen. Alle bewerten die Ergebnisse des Treffens der G8-Außenminister positiv.

In der öffentlichen Debatte verstärkten sich die Zweifel an der Strategie der Nato und ihrer Fähigkeit, allein durch Luftangriffe das gewünschte politische Ergebnis, nämlich die Rückkehr der Vertriebenen in das Kosovo und eine Befriedung der Provinz, zu erreichen. Immer häufiger war das Argument zu hören, daß eine Strategie scheitern müsse, die Mord und Vertreibung durch Luftangriffe und ohne eigene Verluste beenden wolle.

Der Bundeskanzler bricht nach Peking auf; um diese Reise beneide ich ihn nicht. Ein Nachtrag: Gerhard Schröder hatte am 8. Mai inoffiziell mit dem finnischen Präsidenten Ahtisaari gesprochen, der ab 1. Juli 1999 die Ratspräsidentschaft der Europäischen Union übernehmen wird. Mit ihm hat die Europäische Union und die noch amtierende deutsche Ratspräsidentschaft einen erfahrenen, nüchternen und geschickten Vermittler gewonnen. Hoffentlich klappt die Zusammenarbeit mit Tschernomyrdin.

An den Besprechungen im Verteidigungsministerium hatte ich nicht teilnehmen können. Ich hörte von dort, daß die militärischen Maßnahmen weitergingen und auch weiterhin unter dem schlechten Wetter litten. Bis zum 47. Tag der Luftangriffe waren nur zwanzig Tage bedingt geeignet oder geeignet gewesen. Solche Umstände sind ärgerlich, aber der Öffentlichkeit schwer zu vermitteln.

Die Zahl der Vertriebenen hatte sich noch einmal dramatisch erhöht. In Albanien befanden sich jetzt über 422 000 Flüchtlinge, in Makedonien über 240 000. Einschließlich der im Kosovo vertriebenen Menschen und der in anderen Ländern aufgenommenen Flüchtlinge war jetzt fast die gesamte albanische Bevölkerung des Kosovo auf der Flucht beziehungsweise vertrieben. Deshalb hatten sich Joschka Fischer und ich auf der abschließenden Pressekonferenz in Bremen im Namen der Westeuropäischen Union und ihrer Mitglieder gegen eine sogenannte Feuerpause ausgesprochen. »Solange Milošević das Gesetz des Handels bestimmt, wird das Morden weitergehen«, sagte Joschka Fischer und fügte hinzu, daß dann dauerhafte Instabilität auf dem Balkan drohe. Ich selbst beurteilte eine Feuerpause, die ja auch aus den Reihen der Grünen gefordert wurde, als kontraproduktiv, weil sie als Zeichen der Schwäche und des mangelnden Vertrauens in die eigene Strategie mißverstanden werden mußte; zugleich würde sie Milošević und seinem Regime die Chance einer Wiederherstellung militärischer Fähigkeiten geben.

Auch innerhalb der Gremien der Nato führte die Bombardierung der chinesischen Botschaft in Belgrad zu intensiven Debatten, getragen auch von der Befürchtung, daß sich die innenpolitische Stimmung in manchen Mitgliedstaaten wenden könnte und deshalb kaum Zeit für eine politische Lösung und eine Fortsetzung der Luftangriffe bliebe. Gleichzeitig begann man zu überlegen, wie eine Friedenstruppe im einzelnen zusammengesetzt sein sollte – gerade auch wegen der zivilen Aufgaben, die nach allen früheren Erfahrungen für eine längere Anfangszeit auf die militärischen Einheiten zukommen würden. Mein Eindruck war, daß sich die Diskussion um einen möglichen Einsatz von Bodentruppen auch bei den Militärs schon deshalb entspannte, weil alle Überlegungen deutlich zeigten, daß man wegen der notwendigen Größe einer solchen Truppe (weit über 100 000) kaum die Möglichkeit haben würde, die Einheiten noch 1999 aufzustellen, auf den Einsatz vorzubereiten und zu verlegen. Viel wichtiger erschien mir, daß auf der Ebene der Außenministerien und der westlichen Kontaktgruppenstaaten eine sogenannte ROAD MAP erarbeitet würde für das weitere Vorgehen in den politischen Gesprächen mit Rußland und die angestrebten Entscheidungen des Weltsicherheitsrats. In den Gesprächen kristallisierte sich eine Reihenfolge der einzelnen politischen und militärischen Schritte zur Einlösung des bekannten Fünf-Punkte-Plans heraus: Zuerst Waffenstillstand am Boden im Kosovo, dann sichert Jugoslawien den Abzug seiner Truppen zu und leitet ihn ein. Sobald dieser Abzug tatsächlich begonnen hat, unterbricht die Nato ihre Luftangriffe. Die Vorbereitung dieses Stufenplans sollte fortgesetzt, die politischen Gespräche mit Rußland zugleich intensiv weitergeführt werden.

Alle beteiligten Staaten stimmten darin überein, daß jede Form einer Teilung des Kosovo, sei es in regionale Verantwortungen, kleinere Territorien für die einzelnen Volksgruppen oder auf der Ebene politischer Verantwortung, strikt abgelehnt würde.

Gerhard Schröder macht seine Sache als Bundeskanzler und Ratspräsident der Europäischen Union in Peking außerordentlich gut. Er entschuldigt sich für den irrtümlichen Beschuß der Botschaft, ohne unsere politische Linie preiszugeben. Es wird wohl einige Zeit brauchen, bis man im Weltsicherheitsrat wieder an Entscheidungen mit chinesischer Zustimmung denken kann.

Am Abend: in Aachen ein Zusammentreffen mit Tony Blair vor der Verleihung des Karlspreises am morgigen Donnerstag. Während des Essens ein sehr langes, von den vielen Gästen aufmerksam beobachtetes Gespräch. Wir haben noch einmal die politische Strategie und die militärischen Maßnahmen erörtert. Ich lege erneut in allen Einzelheiten dar, warum ich innerhalb der Nato und im Gespräch mit den Verteidigungsministern für einen raschen Aufbau von Truppen in Makedonien bin. Sollten wir trotz des tragischen Fehlers der Bombardierung der chinesischen Botschaft und mancher Zweifel an der politischen und militärischen Strategie der Nato doch zu einem Ergebnis kommen, dann dürfe nicht ein einziger Tag verloren werden, bis wir diese Friedenslösung auch militärisch garantieren können.

Karlspreis-Verleihung in Aachen. Habe mir anschließend die Berichte vom Grünen-Parteitag angeschaut. Komplimente und Bedauern für Joschka: Das politische Ergebnis ist in Ordnung und wird unsere Linie weder behindern noch fördern; der Schwachkopf mit dem Farbbeutel richtete hoffentlich keinen Schaden an. Telefonisch erhalte ich Informationen aus dem Ministerium: Der militärische Druck wird weiter gesteigert. Jetzt sind fast 800 Flugzeuge im Einsatz. Aber wie kommen wir politisch weiter?

14. MAI 1999

Wegen der zivilen Schäden und der Bombardierung der chinesischen Botschaft wurden die Verfahren der Einsatzplanung noch einmal überprüft und verschärft. Weitere Restriktionen für die militärischen Maßnahmen wurden notwendig, weil eine größere Zahl von zivilen Hilfskonvois in das Kosovo fahren wollten – sie waren auch dringend notwendig angesichts der verzweifelten Lage der Menschen.

Im Verteidigungsministerium hatten wir zunächst die Situation für zivile Hilfskonvois im Kosovo erörtert. Für den 12. Mai waren dreizehn, für den 13. Mai vierzehn und für die folgenden Tage ähnlich viele Konvois angemeldet. Um jeden weiteren Fehler auszuschließen, meldeten die Hilfsorganisationen diese Konvois bei der Nato an. Die Planung der militärischen Maßnahmen bezog die Konvois und deren Routen ein; die sich daraus ergebenden Einschränkungen für die Wirksamkeit der Luftangriffe wurden voll akzeptiert. Trotzdem begaben sich viele Konvois, wie die ersten Erfahrungen zeigen sollten, in Gefahr, indem sie sich nicht an die von den Hilfsorganisationen angegebenen Routen und Zeiten hielten.

Wie notwendig eine Versorgung der Flüchtlinge war, die sich im Kosovo versteckten, zeigten Bilder der Luftaufklärung. Zwischen Prizren und der albanischen Grenze befanden sich beispielsweise etwa 50 000 Flüchtlinge, in der Nähe der makedonischen Grenze etwa 150 000 Flüchtlinge.

Nach unseren Informationen zeigten die Luftangriffe nun deutliche Wirkung. Bis zum 51. Tag waren fast 7000 Angriffe gegen Flugplätze, Fernmeldeeinrichtungen, Brücken, Munitionslager, Treibstoffdepots und Einrichtungen der Stromversorgung geflogen worden. Bei den Elektrizitätswerken setzte die Nato sogenannte »Graphitbomben« ein. Die Graphitfäden zerstörten das Elektrizitätswerk nicht, verursachten aber Kurzschlüsse und setzten die Stromversorgung auf diese Weise über viele Stunden außer Kraft. Über die Wirksamkeit der Angriffe informierten wir uns anhand einer Fülle von Luftaufnahmen, die der Öffentlichkeit nicht zugänglich gemacht werden konnten. Wir waren uns sicher, daß die Verbindungswege in das Kosovo zu etwa 80 Prozent unbrauchbar geworden waren. Die Nato hatte seit Tagen die Hauptverbindungsstraßen und Eisenbahnlinien ins Kosovo konzentriert angegriffen, um den Nachschub an Munition zu unterbinden, soweit das möglich war. Die sehr sorgfältige Aufklärung durch Luftaufnahmen, das Abhören des Funkverkehrs der jugoslawischen Armee, viele Hinweise aus Geheimdienstquellen sowie die Schilderungen von Flüchtlingen zeigten übereinstimmend, daß die Bewegungsmöglichkeiten der jugoslawischen Truppen im Kosovo sehr stark eingeschränkt waren. Das machte ihre Bekämpfung leichter und verhinderte gleichzeitig ein weiteres Ansteigen der Vertreibungsaktionen.

Zur öffentlichen Debatte: Es ist schon erstaunlich, wie Desinformation und die Macht der Bilder zusammenwirken. Belgrad kündigt einen Teilrückzug seiner Truppen an. Das Fernsehen zeigt daraufhin Soldaten in fein gebügelten Uniformen ohne jedes Gepäck, wie sie frisch rasiert in blankpolierten Bussen angeblich das Kosovo verlassen. Denkt noch jemand an den Besuch des Präsidenten des Internationalen Komitees des Roten Kreuzes in Belgrad, dem man einen Zugang ins Kosovo zugesagt hatte? Das ist nie geschehen. Irgendwann wurde gemeldet, 1500 deutsche Soldaten seien nach Griechenland desertiert. Würde man die Meldungen aus Jugoslawien ernst nehmen, müßten fünfzig bis sechzig Nato-Flugzeuge abgeschossen worden sein.

Tschernomyrdin ist noch einmal nach Belgrad gereist. Ergebnisse erhoffe ich mir nicht. Die Lösung wird nicht in Belgrad gefunden, sondern dort präsentiert werden müssen.

Im Flüchtlingslager Cegrane sind fast 40 000 Menschen. Die Aktion zur Aufnahme von weiteren 10 000 Vertriebenen in Deutschland ist angelaufen. Bald sind wir dreihundert Hilfsflüge geflogen. In den Lagern haben unsere Ärzte und Sanitäter schon über 7000 Patienten behandelt, die zum Teil in einem erbärmlichen Zustand sind. Besorgniserregend: Die öffentliche Zustimmung zu den Maßnahmen der Nato ist auf 52 Prozent gefallen, offenbar eine Reaktion auf die Bombardierung der chinesischen Botschaft und die öffentlichen Debatten.

16. MAI 1999

Die humanitäre Hilfsaktion in Albanien kommt immer stärker in Gang. In Albanien sind jetzt über 430 000 Vertriebene, in Makedonien über 231 000, in Montenegro über 63 000 und in Bosnien-Herzegowina fast 20 000. Ein weiterer Zustrom von Flüchtlingen findet im Augenblick nicht statt. Was ist mit den armen Menschen im Kosovo selbst? Was wird die UN-Delegation zu sehen bekommen, die jetzt doch nach Jugoslawien reisen konnte? Was wird sie zu berichten haben?

Zwischenzeitlich hatte der Sicherheitsrat der Vereinten Nationen sein aufrichtiges Bedauern wegen der Zerstörung der chinesischen Botschaft erklärt und tiefe Trauer ausgedrückt. In einer weiteren Resolution hatte der

Weltsicherheitsrat zu verstärkter humanitärer Hilfe aufgefordert und betont, daß eine politische Lösung auf der Basis der Vorschläge der G8 anzustreben sei. Rußland und China enthielten sich bei der Abstimmung, verhinderten diese Resolution also nicht. Das war mir wichtig, ich verstand das als Hoffnungsschimmer, doch noch eine politische Lösung im Rahmen der Vereinten Nationen finden zu können. Diese hatten im übrigen mittlerweile eine Delegation nach Belgrad entsandt.

17. MAI 1999

Die Bemühungen um eine politische Lösung des Kosovo-Konflikts werden noch intensiver: Gerhard Schröder trifft Präsident Ahtisaari, später den italienischen Ministerpräsidenten Massimo D´Alema. Tschernomyrdin und Talbott werden Ahtisaari ebenfalls in Helsinki treffen. Offen ist, ob es auf der Ebene der G8 Fortschritte geben wird.

Die Luftangriffe gehen unvermindert weiter, die humanitäre Situation bleibt dramatisch. Bei der Nato wird geprüft, ob die Hilfskonvois durch den Abwurf von Hilfsgütern ergänzt werden können. In den internen Planungen rückt stärker in den Mittelpunkt, was wir tun können, damit Vertriebene in den Lagern den Winter überleben.

Ahtisaari, Tschernomyrdin und Talbott treffen sich in Helsinki.
Massimo D'Alema bekräftigt unsere Linie, die Forderungen der G8, der Nato, die UN-Resolution, keine Bodentruppen einzusetzen. Ich fürchte, seine Initiative ist wohl ohne Erfolgsaussichten.

Meine Notizen an diesem Tag waren außerordentlich knapp. Ich hatte mir den rechten Arm gebrochen.

Aus Telefonaten wußte ich, daß das Treffen in Finnland zwischen Ahtisaari, Talbott und Tschernomyrdin der Erläuterung der jeweiligen Standpunkte galt, aber noch keine wirklichen Fortschritte in der Sache brachte. Ibrahim Rugova hatte sich mit dem Generalsekretär der Nato, Javier Solana, getroffen, aber mir schien aufschlußreicher, daß der serbische Unternehmer Karić in einem Interview signalisiert hatte, man könnte die Forderungen der G8 akzeptieren. Ähnlich hatte sich der Vorsitzende des außenpolitischen Ausschusses des Belgrader Parlaments geäußert. Weil dies aber mit den altbekannten und wiederholt zurückgewiesenen Forderungen verbunden war, durfte man es nicht überbewerten. Für die Öffentlichkeit entstand der Eindruck, daß die politischen Bemühungen auf der Stelle traten. Tatsächlich aber hatten die intensiven Gespräche das gegenseitige Verständnis für die unterschiedlichen Positionen vertieft und die Möglichkeiten verbessert, die Unterschiede in einem sich schrittweise vollziehenden Prozeß zu überwinden.

Keine Änderung der militärischen Lage. Die strengen Regeln und Restriktionen gelten weiter. In der Nacht wurden in der Nähe von Priština drei jugoslawische Hubschrauber, auf dem Belgrader Militärflugplatz eine MIG 29 und eine MIG 21 zerstört.

Damit hatte Jugoslawien fast vollständig seine modernsten Kampfflugzeuge, nämlich die MIG 29, verloren. Die weiterhin erfolgreichen Angriffe auf Flugabwehrstellungen und Munitionslager für Flugabwehrraketen minderten das Risiko für die eigenen Piloten, beseitigten es aber nicht ganz, denn die jugoslawische Luftabwehr war außerordentlich mobil, Schäden in den Führungssystemen wurden mit einigem Geschick überbrückt, die Bedrohung blieb nach wie vor hoch. Bei den Angriffen auf die Bodentruppen im Kosovo wurden an diesem Tag zwanzig Artilleriegeschütze getroffen, außerdem Mörserstellungen, Panzer und andere Fahrzeuge.

19. MAI 1999

Ahtisaari und Tschernomyrdin sind in Helsinki erneut zusammengetroffen. Beginnt sich der politische Kreis um Milošević zu schließen?

Das Netz aus Gesprächskontakten zwischen den Nato-Staaten, die gleichzeitig Mitglieder der Kontaktgruppe waren, und Rußland wurde immer dichter. Es kam jetzt darauf an, mit Blick auf die UN-Resolution auch China in diese Bemühungen einzubinden. Wir hatten erörtert, daß China sich in vergleichbaren Situationen im Weltsicherheitsrat bisher immer der Stimme enthalten und damit einen Beschluß ermöglicht hatte. Deshalb wurden auch vom deutschen Außenministerium die Kontakte mit der chinesischen Regierung auf allen Ebenen intensiviert. Der Besuch des Bundeskanzlers hatte dafür eine gute Grundlage geschaffen.

Die Luftangriffe schienen Wirkung zu zeigen: Ich versuchte mir vorzustellen, wie sich wochenlange Luftangriffe auf Truppen auswirken, die sich dagegen nicht wehren können und lediglich mit Propaganda abgespeist werden. Durchhalteparolen kommen gegen eine so schwerwiegende und beängstigende Erfahrung wie die der Wehrlosigkeit gegen Luftangriffe auf Dauer nicht an. So verstand ich entsprechende Hinweise aus der militärischen Aufklärung weniger als technische Daten denn als Indiz für die Wirkungen innerhalb der jugoslawischen Verbände und bei den Soldaten. Wir wußten ja auch aus dem abgehörten Funkverkehr, daß die Moral der Truppe deutlich geschwächt war und die Offiziere deshalb gravierende Führungsprobleme hatten.

Das erste militärische Ziel der Nato war die Ausschaltung der serbischen Luftabwehr und der Radarsysteme gewesen, um »Luftüberlegenheit« zu erreichen. Mittlerweile war diese Luftabwehr für größere Höhen bei weitem nicht mehr so wirksam wie zu Beginn der Luftangriffe, was man für niedrigere Flughöhen nicht sagen konnte, weil hier schultergestützte Waffen nach wie vor eine sehr ernst zu nehmende Bedrohung darstellten. Dreiviertel der Luftabwehrraketenstellungen waren zerstört oder so sehr beschädigt, daß sie kaum noch benutzt werden konnten. Im übrigen waren die ECR-Tornados mit ihrer einzigartigen Fähigkeit, auf gegnerische Radarstellungen zu reagieren, so wirkungsvoll, daß in den letzten Tagen die jugoslawische Armee ihr eigenes Radar nicht mehr oder nur noch sehr eingeschränkt benutzte. Die jugoslawische Luftwaffe hatte 70 Prozent ihrer MIG 29, ein Viertel ihrer MIG 21 und rund die Hälfte ihrer übrigen Flugzeuge verloren. Außerdem war die Mehrzahl der Militärflugplätze beschädigt und konnte nur noch eingeschränkt benutzt werden. Die Angriffe auf Brücken, Nachschubverbindungen und Sendestationen hatten die Führungsfähigkeit der Streitkräfte ebenso erheblich begrenzt wie die Angriffe auf Depots, Munitionsfabriken und Transformatorenstationen. Aus den Bildern der Luftaufklärung, abgehörtem Funkverkehr, geheimdienstlichen Quellen und aus den Berichten von Flüchtlingen ergab sich auch ein ziemlich vollständiges Bild der Zerstörungen im Kosovo. Elf Gefechtsstände und eine große Zahl von Kasernen waren beschädigt, 300 Panzer, Schützenpanzer und Artilleriegeschütze vernichtet. Das entsprach einem Drittel der schweren Waffen der jugoslawischen Truppen im Kosovo. Mittlerweile waren 820 Flugzeuge im Einsatz, und mit der Ankündigung der USA, die Zahl der Flugzeuge noch einmal zu erhöhen, sollte weiterer politischer Druck aufgebaut werden.

Am Morgen besuche ich unsere Piloten in Piacenza. Sie beeindrucken mich durch hohe Professionalität und feste Überzeugung von ihrem Auftrag, aber auch durch die zugleich ernste und gelassene Art und die Offenheit, mit der sie über die Risiken eines solchen Einsatzes sprechen. Einige sagen, daß sie es trotz der enormen Anspannung als Rückenstärkung empfinden, zu wissen, daß das Rettungssystem der Nato im Falle eines Absturzes funktioniert. Mir ist klar, daß in einer solchen Streßsituation mitten in einem Einsatz nicht alles angesprochen und ausgesprochen wird, selbst wenn man sich viel Zeit nimmt, und ich will die Soldaten im Sommer noch einmal besuchen. Hoffentlich ist der militärische Einsatz dann vorüber, und ich kann die Männer in ihren Heimatstandorten sehen.

In der Besprechung im Verteidigungsministerium erhielt ich unter anderem die frustrierende Nachricht, daß die humanitären Hilfsflüge immer noch nicht funktionierten und sich deshalb der Abwurf von Hilfsgütern für die Vertriebenen im Kosovo immer weiter hinauszögerte. So blieb es bei der intensiven Hilfe für die Vertriebenen in den Nachbarstaaten und bei den 15 täglichen Konvois ins Kosovo.

Ich registrierte aufmerksam, daß die serbischen Proteste gegen den Krieg zahlreicher wurden. In Čačak hatte sich ein Bürgerparlament gebildet: Eltern forderten die Entlassung ihrer Söhne aus der Armee. Und als die Organisatoren solcher Demonstrationen verhaftet wurden, machten sich ihre Söhne, die als Soldaten im Kosovo dienen mußten, mit ihrer Ausrüstung auf den Weg, um ihre Eltern zu befreien. In Krosevac und Aleksandrovac gab es Demonstrationen, aber auch harte Reaktionen der Belgrader Führung: Die Polizei verhaftete Demonstanten und schüchterte die Menge ein. Ich hatte aber Zweifel, wie sich das in der deutschen Öffentlichkeit auswirken würde. Mag sein, das Milošević die vor einigen Tagen erfolgte Freilassung des *SAT.1*-Korrespondenten Hans-Peter Schnitzler und des Studenten Bodo Weber als Geste des guten Willens verstanden wissen wollte. Die beiden sollen angeblich spioniert haben. Was die beiden Gefangenen dann aber über die Bedingungen ihrer Haft, die Mißhandlungen und den psychischen Terror berichteten, hatte hoffentlich Belgrads Propaganda-Absichten in ihr Gegenteil verkehrt.

Am Nachmittag mit Rugova im Büro zusammengetroffen, anschließend hören wir im Bundesverteidigungsministerium gemeinsam die Vertreter verschiedener Hilfsorganisationen an. Nach Wochen der Erniedrigung hatte sich Ibrahim Rugova in den wenigen Tagen in Freiheit und Sicherheit ganz offensichtlich noch nicht erholt.

Insgesamt stimmten mich die Informationen dieses Tags wieder etwas hoffnungsvoller. Die politischen Direktoren der G8-Staaten hatten zwar keinen Durchbruch erreicht, aber aus den Berichten über ihre Gespräche entnahm ich wesentliche Fortschritte. Man beriet einen Entwurf für eine Resolution des Weltsicherheitsrats und stellte ihn in seinen Grundzügen fertig.

Das war schon deshalb ein Fortschritt, weil die unterschiedlichen Positionen zwischen den westlichen Staaten der G8 und Rußland diplomatischen Gepflogenheiten entsprechend in diesen Text aufgenommen wurden, »geklammert«, wie man sagt. Wer einer solchen Arbeitsweise zustimmt, signalisiert, daß man diese Unterschiede überbrücken kann. Der außenpolitische Berater des Bundeskanzlers, Michael Steiner, und die Mitarbeiter des Auswärtigen Amtes äußerten sich vorsichtig optimistisch. Die Beratungen der politischen Direktoren der G8 sollten am 21. Mai fortgesetzt werden. Mein Eindruck war, daß in der nächsten Zeit weniger die Zusammensetzung einer internationalen Friedenstruppe, ihre Bewaffnung oder ihre Führung durch die Nato zum Problem werden könnten. Wichtiger erschien, wie man einen überprüfbaren Rückzug der jugoslawischen Truppen, ein Aussetzen der Nato-Angriffe und eine Beratung der Resolution im Weltsicherheitsrat koordinieren könnte. Gleichzeitig wurden die Arbeiten an einem Stabilitätspakt für Südosteuropa fortgesetzt. Der Name selbst war in meinen Augen zwar unbefriedigend, weil er eine Beibehaltung der Verhältnisse beinhaltete. Sollte es uns aber gelingen, die Grundprinzipien der Schlußakte von Helsinki aus dem Jahre 1975 angemessen auf den Balkan zu übertragen, böte sich die Möglichkeit, alle Staaten zu wirtschaftlicher Zusammenarbeit, zu gemeinsamer Sicherheit und zur Achtung der Rechte von Menschen und Minderheiten zu bewegen, zu einer Politik in europäischer Perspektive also.

In Moskau sitzen Tschernomyrdin, Ahtisaari und Talbott zusammen. Die politischen Direktoren arbeiten auf dem Bonner Petersberg am Entwurf der Sicherheitsratsresolution. In Brüssel tagen die EU-Länder, die sich humanitär und wirtschaftlich engagieren wollen. Platzt endlich der politische Knoten?

Ich habe keinen Zweifel daran, daß die Nato ihre Politik einschließlich der militärischen Maßnahmen noch sehr lange durchhalten kann. Interessanterweise gibt es in den Medien den einen oder anderen ungeduldigen Kommentar, auch ausgeprägte Zweifel, zum Teil heftige Debatten. Insgesamt aber hat sich die Haltung der Medien gegenüber den ersten Apriltagen deutlich verändert. Schreckliche Fehler wie die Bombardierung der chinesischen Botschaft, die zivilen Opfer, zum Beispiel die etwa achtzig Toten bei der irrtümlichen Bombardierung des Dorfes Korisa, hatten die öffentliche Unterstützung deutlich verringert. Doch das hat sich inzwischen wieder geändert. Etwa sechzig Prozent finden es richtig, daß die Nato im Kosovo-Konflikt mit Luftschlägen militärisch eingegriffen hat.

Bin gespannt auf den Bericht einer UN-Delegation, die zur Zeit im Kosovo ist, noch nach Montenegro weiterreisen will und dann ihren Bericht veröffentlichen soll.

Ärgerlich: Während eines Empfangs ging infolge der Luftangriffe eine große Fensterscheibe in der Residenz des Schweizer Botschafters in Belgrad zu Bruch.

Schon am Vortag wurde im Nato-Rat darüber diskutiert, daß die Vertretungen anderer Länder – darunter Schweden, Spanien, Norwegen, Ungarn und Pakistan – beschädigt worden waren. Die meisten Länder sorgten sich, daß solche Fehlschläge den politischen Prozeß gefährden könnten. Größere Anstrengungen zur Vermeidung von zivilen Schäden wurden gefordert. Allerdings bestand ebenso Einigkeit darüber, daß man die Luftoperationen uneingeschränkt fortführen sollte. Und auch diesmal ging diese Diskussion weiter. Gerade wenn man die Luftangriffe mit politischer und öffentlicher Unterstützung fortführen und auf diese Weise den Druck auf Milošević erhöhen wollte, dann mußte der Öffentlichkeit klargemacht werden können, daß man Ziele mit größter Sorgfalt und ausschließlich unter militärischen Gesichtspunkten auswählte. In diesem Zusammenhang hatte sich in den letzten Tagen (und das sollte auch in den folgenden Tagen so sein) noch einmal eine Diskussion über Ziele aus der Phase III der geplanten Operationen entwickelt. In der Nacht zum 21. Mai war ja nicht nur ein Treibstofflager angegriffen worden, wobei es dann angeblich auch zu der Beschädigung der Residenz des Schweizer Botschafters gekommen war. Tatsächlich war unter überraschend heftigem Flugabwehrfeuer auch ein Führungsbunker von Milošević in Belgrad angegriffen worden. Es wurde später nie aufgeklärt, ob eine fehlgeleitete Bombe in der Nähe der Residenz des Botschafters eingeschlagen war oder ob es sich um ein herunterfallendes Geschoß der jugoslawischen Luftabwehr gehandelt hatte. In diesem Fall hatte der kontinuierliche Druck auf eine offensive und frühzeitige Öffentlichkeitsarbeit der Nato wenig Sinn, denn eine solche Erörterung wäre immer als Spekulation oder als faule Entschuldigung aufgefaßt worden.

Ich hatte in diesen Tagen regelmäßigen telefonischen Kontakt mit dem Nato-Generalsekretär, gelegentlich auch mit dem Oberbefehlshaber. Das sollte sich bei den Entscheidungen über ausgesprochen sensitive Ziele bezahlt machen. Mir war klar, daß die Militärs die Angriffsplanung mit größtmöglicher Sorgfalt durchführten. Wenn beispielsweise militärische und strategische Ziele im Stadtgebiet von Belgrad angegriffen werden sollten, wurden zunächst Satellitenbilder sorgfältig und mehrfach ausgewertet und mit allen anderen vorliegenden Informationen verglichen. Die Wirkung einzelner Angriffsmittel wurde im Computer simuliert und berechnet, bis hin zur Programmierung der computer- oder lasergesteuerten Waffen. In 5 bis 10 Prozent der Fälle mußte man mit technischen Defekten rechnen: Ob das beispielsweise erklärte, warum ein Krankenhaus in Belgrad getroffen wurde, blieb für mich offen. Daß manche in der Öffentlichkeit, aber auch im Nato-Rat forderten, keine Risiken einzugehen, um die Öffentlichkeit nicht gegen die Nato aufzubringen, hielt ich für unverhältnismäßig. Luftangriffe ohne jedes Risiko ziviler Schäden sind auch bei High-Tech-Kriegführung ausgeschlossen.

In den letzten Tagen hatten auch Treffen mit Vertretern der kosovo-albanischen Bevölkerung stattgefunden. Zu den Gesprächen, die Joschka Fischer unter anderem mit dem freigekommenen Ibrahim Rugova führte, kamen weitere Kontakte hinzu; der Nato-Generalsekretär und der Nato-Oberbefehlshaber sprachen mit Rugova und Bukoshi, wieder andere Gespräche wurden mit Hashim Thaçi, dem Führer der UÇK, geführt. Alle diese Gesprächskontakte dienten der klaren Erwartung an die UÇK, daß die kosovo-albanische Befreiungsarmee eine zivile Rolle übernehmen könne, gegebenenfalls als politische Kraft anerkannt werde, keinesfalls aber eine militärische Rolle übernehmen dürfe. Außerdem galt es von Anfang an deutlich zu machen, daß Gewalt, Rache und Vergeltung im Fall einer politischen Lösung durch die internationale Friedenstruppe entschlossen entgegengetreten würde.

22. MAI 1999

Bin in Berlin. Morgen wird der Bundespräsident gewählt. Auf der Ebene der G8 gibt es Fortschritte. Ein Durchbruch ist aber nicht absehbar.

23. MAI 1999

Auf dem Flug nach Makedonien und Albanien: Johannes Rau ist zum Bundespräsidenten gewählt. Das hätte ich ihm schon vor fünf Jahren gegönnt. Ich schätze Johannes sehr, politisch wie menschlich.

Hatte mich telefonisch informieren lassen über die wichtigsten Themen der Führungslage auf der Hardthöhe. Seit Beginn des Krieges hat die Nato rund 25 000 Einsätze geflogen. Etwa 30 Prozent dieser Flüge waren Angriffe, in den letzten Wochen immer stärker auf das Kosovo und die dortigen militärischen Einrichtungen und Stellungen konzentriert. Die Lage der Menschen ist unverändert miserabel. Daran ändert auch die wachsen-

de Zahl der Hilfskonvois nichts. *Die Hilfsflüge zum Abwurf von Lebensmitteln über dem Kosovo haben im mer noch nicht begonnen. Nebenbei bemerkt, es kristallisiert sich in meinen Augen immer mehr eine neue Rolle für die Bundeswehr heraus. In jüngster Vergangenheit hat sie schon eindrucksvolle Beispiele für ihre Fähigkeiten zu umfassender Hilfe bei Katastrophen gegeben. Ich erinnere an die Hochwasserkatastrophen im Oderbruch im vergangenen Jahr oder in diesem Jahr in Bayern.*

Die Gespräche unter Beteiligung von Ahtisaari, Tschernomyrdin und Talbott werden fortgesetzt, Talbott wird nach Moskau reisen, Joschka Fischer nach Washington. Die serbische Desinformation geht weiter. Auch im Internet wird jetzt Propaganda gemacht: So behaupten die Serben beispielsweise, sie hätten deutsche Phantom-Flugzeuge abgeschossen, auch zwei Tornados, sie hätten zwei der Crews getötet, weitere drei Crews gefangengenommen usw. usw. Lügen über Lügen, wen soll das eigentlich noch beeindrucken?

24. MAI 1999

Auf dem Rückflug von Albanien notiert: *Gespräche mit dem Präsidenten und dem Verteidigungsminister in Makedonien, in Albanien mit dem Präsidenten, dem Ministerpräsidenten und dem Verteidigungsminister; völlige politische Übereinstimmung, herzliche Atmosphäre. Ich hatte alle meine Gesprächspartner früher schon getroffen, zum Teil häufiger mit ihnen telefoniert. Die Intensität des Besuchs und der Kontakte machte mir deut-*

lich: Beide Länder stehen unter einem enormen Druck. Sie haben eine so außerordentliche Anzahl von Vertriebenen aufgenommen (fast 15 Prozent ihrer Bevölkerung)! Auf Deutschland übertragen, würde das die Aufnahme von 12 Millionen Flüchtlingen bedeuten. Diese armen Länder vollbringen eine wirklich beeindruckende Leistung. Würden wir das auch schaffen – wie schon einmal nach dem Zweiten Weltkrieg? Hätten wir heute noch die Bereitschaft zu solcher Aufnahme? Helfen wir ihnen genug?

Besuch in Cegrane. Vom Hubschrauber aus sieht man zunächst nur eine wie ausgestorben wirkende riesige Zeltstadt in einer ausgedörrten Ebene. Bei der Landung belebt sich das Bild mit einem Schlag: Tausende Frauen und Kinder, kaum Männer, stehen hinter Zäunen, jubeln und skandieren »Nato« oder »Deutschland« oder rufen meinen Namen. Trotz Soldaten und Sicherheitsbeamten habe ich kaum eine Chance, einen Weg durch die begeisterte Menge zu finden. Welche ungeheure Hoffnung und welch niederschmetternder Eindruck! Ich schaue in die Zelte. In einem Zelt treffe ich nur Kinder an. Sie erzählen, daß ihre Eltern oder erwachsenen Verwandten alle verschwunden seien und deshalb hätten sie jetzt eine Kinderfamilie gegründet. In einem anderen Zelt leben Frauen und Kinder und ein alter Mann. In den Zelten liegen Decken auf dem Boden, hier und da wenige Habseligkeiten, manchmal ein Teekocher. Ich habe nicht eine einzige Frau mit einem Ehering, einem Halsband, einem Armreif oder einem Ohrring gesehen – alles wurde ihnen vor der Flucht geraubt. Manche sprechen Deutsch, sonst muß der Dolmetscher helfen. Alle wollen zurück, so schnell wie möglich. Könnte es sein, daß unsere Überle-

gungen zur Winterfestigkeit der Lager überflüssig wer-
den? Wenn ich zurückdenke, ist mir zum Heulen: diese
Schicksale, diese Hoffnung, welch eine Verantwortung.
Schaffen wir das?

25. MAI 1999

Nach Deutschland zurückgekehrt, hatte ich zunächst der
Vorsitzenden des Flüchtlingshilfswerks der Vereinten
Nationen, Sadako Ogata, meine Eindrücke und Erfahrungen von den Besuchen in Makedonien und Albanien
mitgeteilt. Albanien war unverändert bereit, eine größere Zahl von Flüchtlingen aufzunehmen. Leider waren
einige Hilfsorganisationen durch langfristige Verträge
gebunden und transportierten auch solche Lebensmittel
nach Makedonien und Albanien, die man dort hätte kau-
fen können. Damit hätte man einen Beitrag zur Stabilisierung der wirtschaftlichen Lage leisten können. Noch
schwerwiegender war, daß die Politik des Internationalen
Währungsfonds gegenüber beiden Ländern eher Druck
ausübte denn Hilfe brachte. So würde in Makedonien
rasche weitere Privatisierung verlangt mit der Folge, daß
dort die Arbeitslosigkeit auf über 50 Prozent anzuwach-
sen drohte.

Vor der täglichen Führungslage im Verteidigungsministerium hatte ich zwei Berichte gelesen und erinnere mich
an die Wut und Niedergeschlagenheit, die sie bei mir aus-
lösten. Ein Bericht kam vom Bevölkerungsfonds der Vereinten Nationen (UNFPA). In dieser Studie wird von grau-

181

samen Sexualverbrechen serbischer Soldaten an kosovo-albanischen Frauen berichtet. Mit Hinweis auf die Städte Djakova, Peć und das Drenica-Gebiet wurde von Folterungen berichtet und davon, daß man den Frauen angedroht habe, sie bei lebendigem Leibe zu verbrennen. Der andere Bericht stammte vom Leiter des zwischenzeitlich aus Jugoslawien und dem Kosovo zurückgekehrten UN-Teams, Fernando Affonso Collar de Mello, und legte erdrückende Beweise für die gewaltsame und systematische Vertreibung der Kosovo-Albaner vor. Die Lage sei noch viel schlimmer als angenommen.

In der Führungslage des Verteidigungsministeriums kamen dann neue Informationen zur Sprache: In unmittelbarer Nähe der Grenze zu Makedonien befänden sich demnach Zehntausende Vertriebene, einige Kilometer entfernt noch einmal 30 000 Vertriebene. Ich war völlig deprimiert, daß die Hilfskonvois solche Menschen nicht erreichten. Eine Versorgung durch Abwurf von Lebensmitteln aus der Luft wurde noch immer von Belgrad verhindert. Über Pfingsten war der Strom der Vertriebenen erneut erheblich angestiegen, 18 000 Vertriebene waren über die Grenze nach Albanien und Makedonien gekommen.

Die Ergebnisse der Befragungen von Vertriebenen wurden mittlerweile systematisch zusammengefaßt und an das Kriegsverbrechertribunal in Den Haag weitergegeben. Soweit möglich, gingen wir Hinweisen der Flüchtlinge durch Luftaufklärung nach. Ein Beispiel: Unsere Befragungsteams hatten erfahren, daß im Dorf Izbica bis zu 200 Personen ermordet und die Leichen verscharrt worden sein sollten. Die Informationen darüber waren so präzise, daß man die Aufklärungsdrohnen entsprechend programmieren konnte, und leider war alles wahr: Bald darauf hatten wir Bilder zur Verfügung, die eindeutig frische Grabfelder in Izbica und auch im Nachbarort Krasnika zeigten.

26. MAI 1999

Joschka Fischer hat unsere politischen Vorstellungen in Washington mit seiner amerikanischen Kollegin abgestimmt. Talbott, Ahtisaari und Tschernomyrdin treffen zusammen. Der russische Außenminister Iwanov trifft in Stockholm den Generalsekretär der Vereinten Nationen. Es bleibt offen, ob sich daraus so viel Übereinstimmung ergibt, daß man gemeinsam nach Belgrad reisen kann.

Ich hatte mich mit meinen Kollegen aus Frankreich und Polen, Alain Richard und Janusz Onyskiewicz, auf dem Hambacher Schloß in der Südpfalz getroffen. Den Ort wählte ich, weil dort 1832 die erste große Freiheitsdemonstration der Deutschen stattgefunden hatte. An ihr hatten damals auch Polen und Franzosen teilgenommen. Unsere Einschätzungen waren völlig identisch. Ich sah einige verblüffte Gesichter, als Janusz Onyskiewicz darauf hinwies, daß bei den Nato-Luftangriffen inzwischen etwa 25 000 Einsätze geflogen worden waren. Zum Vergleich sagte er, im Golfkrieg seien dem Einsatz von Bodentruppen über 100 000 Luftangriffe vorausgegangen. Er wollte damit nicht für Bodentruppen plädieren, und mir schoß durch den Kopf, daß wir hoffentlich keine 100 000 Flüge mehr bis zu einem politischen Ergebnis brauchen würden.

In den letzten Wochen hatten die Verteidigungsminister der westlichen Kontaktgruppenstaaten engen Kontakt gehalten – persönlich und notfalls telefonisch. Wir waren dazu übergegangen, auf abhörsicheren Leitungen Telefonkonferenzen zu schalten. Die immer angestrengteren Bemühungen um eine politische Lösung, die fortdauernden öffentlichen Debatten um einen Einsatz von Bodentruppen sowie über den Sinn der Luftangriffe, die Nato-internen Debatten über Bodentruppen und ihre mögliche Rolle bei der Garantie einer politischen Friedenslösung veranlaßten mich, meine Kollegen nach Bonn einzuladen. Wir stimmten überein, daß dieses Treffen absolut vertraulich bleiben müsse, damit man frei vom Druck öffentlicher Erwartungen und Fragen miteinander reden könne.

Wir erörterten die gesamte Situation sorgfältig und kamen zu gemeinsamen Ergebnissen. Die Luftoperationen sollten beibehalten werden, um den Druck auf Belgrad aufrechtzuerhalten und zu erhöhen. Uns war bewußt, daß die amerikanischen Streitkräfte dabei die Hauptlast trugen. Das würde nach dem Ende des Krieges im Rahmen der Nato und ihrer Streitkräfteplanung noch zu besprechen sein. Darüber hinaus wollten wir erreichen, daß die Truppen unverzüglich stationiert werden sollten, die der Nato mit Blick auf die Beratungen innerhalb der G8 als Garantie für ein politisches Ergebnis angemeldet worden waren. Wir wollten dadurch Entschlossenheit demonstrieren und sofort für die Umsetzung einer politischen Lösung bereit sein. Außerdem wollten wir schon im Vorfeld mit anderen Staaten über deren mögliche Beteiligung sprechen.

Wie ich am Abend hörte, dachte man auch innerhalb des Nato-Rats so. Das Bündnis wollte Milošević deutlich machen, daß es keineswegs vor dem Ende seiner Möglichkeiten stehe und daß er keine Chance habe, die Luftangriffe gewissermaßen »auszusitzen«.

28. MAI 1999

Am Abend notiert: keine wirkliche Veränderung der Lage, keine Fortschritte, keine Rückschritte. Wenigstens ist Milošević endlich als Kriegsverbrecher angeklagt.

Am Vormittag hatten sich auf Einladung der deutschen Präsidentschaft die Verteidigungsminister der WEU in Bonn getroffen. Man sprach intensiv über das Kosovo – ohne Meinungsverschiedenheiten und getragen von der Hoffnung auf einen Erfolg der politischen Initiativen. Die Verteidigungsminister erörterten Konsequenzen aus den bisherigen Erfahrungen des Kosovo-Einsatzes für Europa und aus der im April beschlossenen Strategie der Nato für deren europäischen Pfeiler. Daraus entstand eine Initiative für den Kölner EU-Gipfel, die dort in der folgenden Woche akzeptiert wurde. Die Arbeit an einer europäischen Identität in der Sicherheits- und Verteidigungspolitik kam voran. Wenn wir die wachsende Lücke zwischen den sicherheitspolitischen Fähigkeiten der USA und Europas schließen wollen, müssen wir in Europa stärker investieren, Defizite – etwa in der Aufklärung oder im Lufttransport – beseitigen und dafür gemeinsame europäische Kriterien vereinbaren.

29. MAI 1999

Die Meldungen über den Besuch Tschernomyrdins in Belgrad sprechen von Fortschritten. Welche das sein sollen, bleibt offen. Man wird das sorgfältig prüfen müssen. Jedenfalls gibt es bisher nicht ein einziges Zeichen für einen Waffenstillstand, einen Stop des Mordens, für Truppenrückzug oder irgend etwas in dieser Richtung.

Bei einem tragischen Unfall in Albanien ist ein Oberstabsarzt der Bundeswehr ums Leben gekommen, ein anderer Soldat wurde sehr schwer verletzt. Ich werde ihn im Bundeswehrkrankenhaus in Koblenz besuchen.

31. MAI 1999

Die Außenminister der Europäischen Union treffen sich in Brüssel. Der Stabilitätspakt muß vorangebracht werden. Ahtisaari und Tschernomyrdin kommen morgen nach Bonn, womöglich auch Talbott. Besteht endlich begründete Hoffnung?

Im Kabinett wurden wir optimistischer, blieben aber vorsichtig. Mit dieser Einschätzung äußerten wir uns auch gegenüber den Fraktionsvorsitzenden.

Gerhard Schröder, Joschka Fischer und ich hatten die Vorsitzenden der Bundestagsfraktionen, wie in diesen Wochen üblich, zu einem Informationsgespräch eingeladen. Niemand von uns übersah im einzelnen, ob und in welcher Zeit eine politische Lösung erreicht werden konnte. Mit dieser Ungewißheit mußten wir umgehen, und es war allen Beteiligten wichtig, daß in dieser so kritischen wie hoffnungsvollen Phase der politischen Entwicklung niemand in kleinkarierte Auseinandersetzungen der Parteipolitik abglitt. Das gelang: Regierungskoalition, CDU/CSU und FDP hatten – unbeschadet vieler Erörterungen und der unterschiedlichen Einschätzung von Einzelfragen – eine gemeinsame Grundlinie durchgehalten. Der außen- und sicherheitspolitische Konsens, der sich über einige Jahre hinweg entwickelt hatte und an dem ich mitwirken konnte, ist von großer Bedeutung für die Verläßlichkeit und Klarheit der deutschen Interessen und Ziele.

Nach dem Gespräch mit den Vertretern der Bundestagsfraktionen standen wir noch zusammen, und ich informierte Kanzler und Außenminister über militärische Überlegungen zum weiteren Vorgehen und zur Zielplanung. Ich hatte entschieden, daß wir – auf die Reise von Ahtisaari und Tschernomyrdin nach Belgrad und ein Ergebnis hoffend – zwar Angriffen zustimmen sollten, die militärischen Hauptquartieren in Belgrad galten oder Einrichtungen, die Milošević persönlich nutzte. Brücken in Belgrad und anderswo sollten aus militärischen und politischen Gründen nicht mehr angegriffen werden. Kanzler und Außenminister stimmten zu.

Die Grenzen des Kosovo waren wieder einmal geschlossen worden. Die militärischen Maßnahmen gingen unverändert weiter. Inzwischen waren rund 900 Flugzeuge im Einsatz.

Am Abend: Die politisch hoffnungsvollen Signale für eine politische Lösung des Konflikts werden begleitet von

Forderungen der serbischen Opposition, Milošević solle den Kosovo-Friedensplan der G8 endlich annehmen. Hoffentlich tut er das! Der Widerspruch zwischen politischen Bemühungen und militärischen Maßnahmen auf der einen Seite, dem Leid der Menschen auf der anderen Seite ist kaum auszuhalten. Es ist schwer, mit der Wut und Empörung fertig zu werden, angesichts der Bilder von übel mißhandelten Männern, die sich über die albanische Grenze schleppen. Man hat sie in Gefängnissen festgehalten und einige von ihnen an der Flucht hindern wollen, indem man ihnen mit Hämmern die Knöchel zertrümmerte. Sie hungerten, wurden gefoltert, und ihre Peiniger ließen dabei Musik laufen und tanzten.

1. JUNI 1999

Gerhard Schröder trifft Präsident Ahtisaari in Bonn, Tschernomyrdin wird dazukommen. In der heutigen Führungslage erhalte ich Zahlen der Nato: Zerstört oder außer Gefecht gesetzt seien 314 Artilleriegeschütze, 120 Kampfpanzer, 203 Schützenpanzer, 268 größere Fahrzeuge verschiedener Art, 14 Hauptquartiere und Gefechtsstände; die Versorgung der im Kosovo eingesetzten Truppen sei deutlich gestört; der Nachschub zwar nicht vollständig, aber stark unterbunden. Ich höre mir diese Bilanz aufmerksam, aber irgendwie unbeteiligt an. Was ist mit den politischen Gesprächen?

Aus den Gesprächen mit Joschka Fischer und Gerhard Schröder wußte ich, daß die unterschiedlichen Auffassungen zwischen der Nato und Rußland nun überbrückbar schienen. Wegen der angestrebten Beschlußfassung des Weltsicherheitsrats kam es jetzt darauf an, die Kontakte mit China eng zu gestalten. Der politische Direktor des Auswärtigen Amtes, Günter Pleuger, war in Peking, alle beteiligten Minister der Nato-Partner telefonierten, die Abstimmung war intensiv. Viel hing davon ab, daß aus Belgrad eine Nachricht kommen würde, das Morden im Kosovo sei eingestellt und die Forderungen der G8 würden akzeptiert. Vor den Medien äußerte ich mich skeptisch, nannte als Zieldatum den 1. Juli und wollte auf diese Weise helfen, den Erwartungshorizont an eine mögliche Reise von Ahtisaari und Tschernomyrdin möglichst niedrig zu halten.

Abends las ich in der Zeitung die Schlagzeile »Die Nato bombt sich in die Sackgasse«. Das Gegenteil ist mein Eindruck: In der Sackgasse waren wir von Anfang an nicht; jetzt kommt eine politische Lösung deutlich voran. Mit Rußland sind nicht mehr viele Fragen offen, die jedoch wird man beantworten können: genaue Zusammensetzung der Implementierungstruppen, genauer Ablauf des politischen Entscheidungsprozesses und so weiter.

2. JUNI 1999

Ahtisaari und Tschernomyrdin werden nach Belgrad reisen.

In dieser kurzen Notiz vom Vormittag steckte eine enorme Hoffnung. Ich wußte, daß Präsident Ahtisaari intern immer wieder betont hatte, er werde nur nach Belgrad reisen, wenn wirklich Aussicht auf ein Ergebnis bestehe. Deshalb war für mich die bloße Nachricht seiner Reise nach Belgrad ein klares Signal! Erst später, bei einem Besuch in Finnland am 22. Juni, konnte ich ausführlich mit Präsident Ahtisaari und seinen Beratern sprechen. Ich fühlte mich zwar Ende Mai und Anfang Juni sehr gut informiert, insbesondere wegen der engen Kontakte Walther Stützles zu finnischen Politikern, die noch aus seiner Zeit als Präsident des Stockholmer Instituts für Außen- und Sicherheitspolitik (SIPRI) stammten. Ahtisaari erzählte mir, daß Tschernomyrdin seinem Eindruck nach immer die volle Rückendeckung von Jelzin hatte, daß es aber zwischen den Regierungsmitgliedern Rußlands durchaus unterschiedliche Auffassungen, womöglich auch unterschiedliche politische Ziele gegeben habe. Die Zusammenarbeit zwischen ihm und Tschernomyrdin sei auch dann immer reibungslos gewesen, wenn noch Meinungsverschiedenheiten über wichtige Fragen bestanden, beispielsweise über die Rolle der Nato in der internationalen Friedenstruppe. Ahtisaari war sich nach seinem Besuch in Belgrad und durch vertrauliche Informationen ganz sicher gewesen, daß auch das serbische Militär sich konstruktiv verhalten würde, weil »die den Krieg satt hatten und wußten, daß sie keine Chance hatten«. Das Treffen zwischen Bundeskanzler Schröder und dem stellvertretenden amerikanischen Außenminister Talbott habe große Bedeutung für die amerikanische Haltung gehabt. Die USA seien viel flexibler geworden, seitdem sie wußten, daß in den größeren Partnerländern in der Nato über die Notwendigkeit einer Führung der Internationalen Friedenstruppe durch die Nato auch zu diesem Zeitpunkt vollkommen einheitlich geurteilt wurde.

Mit den Informationen aus diesem Gespräch wußte ich auch besser einzuschätzen, welche Bedeutung eine erste informelle »Force Generation Conference« gehabt hatte, mit der am 1. Juni 1999 auf der Grundlage einer vorläufigen Verteilung von räumlicher Verantwortung im Kosovo die Nato-Staaten insgesamt fast 48 000 Soldaten für die Internationale Friedenstruppe anmeldeten. Unter dem Dach eines einheitlichen Kommandos sollten im Kosovo fünf Verantwortungsbereiche gebildet werden, in denen jeweils eine Nation die Führung übernehmen sollte. Neben Frankreich, Großbritannien, Italien und den USA würde Deutschland zum ersten Mal in einer solchen internationalen Operation die eigenständige Führung für einen zugeteilten Sektor übernehmen. Das war nach unserer Auffassung ein großer außenpolitischer Fortschritt und zugleich ein Gewinn an sicherheitspolitischem Vertrauen. Erste informelle Kontakte hatten im übrigen ergeben, daß – neben unserem gemeinsamen Interesse an einer Beteiligung Rußlands und der Ukraine (die übrigens auch in Bosnien dabeigewesen sind) – auch neutrale Staaten Kontingente für die Friedenstruppe stellen würden. Unter ihnen Finnland, Schweden und Österreich.

Am späten Abend des 2. Juni machte ich mir noch eine kurze Notiz:

Alle sind guter Dinge und voller Hoffnung. Das Lob für Gerhard Schröder und Joschka Fischer ist einhellig. Die Freunde warten alle auf ein Ergebnis, hoffen auf gute Nachrichten aus Belgrad von Ahtisaari und Tschernomyrdin.

Diese Notiz bezog sich auf das Treffen der sozialdemokratischen Partei- und Regierungschefs, das ich traditionell vor einem europäischen Gipfel als SPE-Vorsitzender geleitet hatte. Das Lob der sozialdemokratischen Kollegen bezog sich auf die Vorbereitung des Gipfels und die Vorschläge der deutschen Ratspräsidentschaft in der EU auch bezüglich der Kosovo-Politik.

3. JUNI 1999

Den ganzen Tag über Telefonate. Halte Kontakt mit Gerhard Schröder in Köln über seinen Berater, Michael Steiner. Meine Anspannung ist noch größer als meine Hoffnung.

Eben kommt die Nachricht, das Parlament trete in Belgrad zusammen. Das Signal für einen Durchbruch? Neue Tricksereien? Spiel auf Zeit?

Dann ein Anruf aus dem Verteidigungsministerium: Das serbische Parlament hat den Friedensplan der G8 akzeptiert.

Ich weiß noch, daß ich bei dieser Nachricht erst einmal tief durchatmete und mich dann zum ersten Mal seit über drei Monaten erleichtert und fröhlich fühlte. Wir hatten ein hartes Stück Arbeit hinter uns, am Ziel waren wir noch längst nicht. Als ich abends im Fernsehen die Bilder von der Ankunft des Präsidenten Ahtisaari in Köln sah, freute ich mich mit allen, hätte am liebsten auch vor dem Fernseher Beifall geklatscht und wußte zugleich, daß bis zur Verabschiedung der UN-Resolution und ihrer Umsetzung durch eine Internationale Friedenstruppe noch viel Arbeit vor uns lag. Auch wenn die Gewalt im Kosovo enden sollte, war der Frieden noch lange nicht erreicht. Dafür wird es Jahre brauchen.

4. JUNI 1999

Besuch bei meinem Kollegen Eduardo Serra in Madrid. Auch hier allgemeine Freude. Während des Abendessens ruft Bill Cohen an. Einzelheiten der Umsetzung für eine UN-Resolution und ihre militärische Garantie besprochen.

Schon nach wenigen Stunden war klar, daß die Umsetzung der Forderungen der G8 in eine Resolution des Weltsicherheitsrats und in ein praktisches Vorgehen im Kosovo noch erhebliche Schwierigkeiten barg. Wir mußten alles daransetzen, mögliche Meinungsverschiedenheiten mit Rußland nicht öffentlich auszutragen und damit Milošević wieder Spielraum zu eröffnen. Außerdem mußte China gewonnen werden. Hier tat sich eine Schwierigkeit auf. Gerhard Schröder hatte mit Präsident Jelzin und mit dem chinesichen Ministerpräsidenten Zhu Rongji gesprochen. Rußland und China vertraten die Auffassung, daß die Bombenangriffe sofort eingestellt werden müßten. Solange aber eine Resolution des Weltsicherheitsrats der UNO nicht vorlag, gab es keine politische und rechtliche Grundlage für eine internationale Sicherheitspräsenz im Kosovo. Ohne diese Präsenz wäre aber das Morden im Kosovo durch Abzug der jugoslawischen Einheiten nicht zu stoppen. Wieder war die UN-Resolution zweifelhaft geworden, der genaue zeitliche und politische Fahrplan blieb offen. Natürlich wollten wir auch zurück zur Logik der Politik mit friedlichen und diplomatischen Mitteln. Mein Eindruck war, daß die Tür zu einer dauerhaften Friedenslösung offen, der vor uns liegende Weg allerdings noch mit einigen Hindernissen gepflastert war.

5. JUNI 1999

Die Nato hat entschieden, die serbischen Streitkräfte auf dem Rückzug in dafür zugeteilten Korridoren oder in festgelegten Sammelräumen nicht mehr anzugreifen. Der Großraum Belgrad und andere große Städte waren ebenfalls keine Ziele mehr. Weiterhin angegriffen werden sollten allerdings Streitkräfte, die sich an Mord- und Vertreibungsaktionen beteiligten oder sich nicht an die Vorgaben des Waffenstillstands hielten; außerdem Führungseinrichtungen, Munitionslager und andere militärische Einrichtungen, die zu weiteren Vertreibungen und Mord-

aktionen hätten eingesetzt werden können. Das soll die
Meinungsverschiedenheiten mit Rußland und China über
den »Fahrplan« überbrücken helfen.

Es werden erste Vorbereitungen getroffen, damit Offi-
ziere der Nato und Jugoslawiens in direkten Gesprächen
den serbischen Truppenabzug aus dem Kosovo vorbe-
reiten und vereinbaren können.

In den direkten Gesprächen zwischen den verschiedenen
Ministerien und in der Führungslage des Verteidigungsministeriums bekam ich genaue Informationen darüber,
daß sich die Verhandlungen über ein militärisch-techni-
sches Abkommen jedoch schwieriger als angenommen
gestalteten. Offenbar versuchte die serbische Seite, Zeit
zu gewinnen; dahinter mochte der Versuch stehen, Massenmorde zu vertuschen und den paramilitärischen
Mörderbanden vor dem Einrücken einer internationalen
Friedenstruppe den Rückzug aus dem Kosovo zu ermöglichen. Wie sich immer deutlicher zeigte, nahm Rußland
im Hintergrund durchaus Einfluß auf diese Verhandlungen. Die Leidtragenden waren die Menschen im Kosovo,
denn die Kämpfe wurden insbesondere an der Grenze zu
Albanien unvermindert fortgesetzt. Außerdem kam es zu
Plünderungen. Man würde sehr genau beobachten müssen, ob das Nachlassen des militärischen Drucks mit
einem Nachlassen des politischen Einigungswillens auf
serbischer Seite einherging.

In der Nacht intensive Gespräche zwischen Außenmini-
sterium und Verteidigungsministerium, zwischen den
Staatssekretären Ischinger und Stützle wegen des gemein-
samen Antrags beider Ministerien für ein Mandat zum

*Einsatz der Bundeswehr im Rahmen der internationalen
Friedenstruppe. Wir wissen um die Schwierigkeit, daß
noch kein Beschluß der Vereinten Nationen vorliegt. Das
Kabinett wird aber dennoch morgen beschließen.*

6. JUNI 1999

Am Morgen beschloß die Bundesregierung den notwendigen Antrag an den Deutschen Bundestag, damit die
Bundeswehr sich an einer internationalen Friedenstruppe
im Kosovo beteiligen konnte.

Die Gespräche im Rahmen der Außenministerkonferenz
der G8 auf dem Bonner Petersberg, auch die Gespräche
über das militärisch-technische Abkommen waren unterbrochen. Wir bewerteten das aber als übliche Schwierigkeiten in der Schlußphase eines komplizierten politischen
und diplomatischen Prozesses und hofften, daß an diesen
Schwierigkeiten nichts mehr scheitern werde.

7. JUNI 1999

*Morgen will ich bei der Bundestagsdebatte neben den
politischen und humanitären Entwicklungen klarmachen,
daß die Soldaten, die wir jetzt ins Kosovo schicken, mit
besonders hohem Risiko konfrontiert sind.*

Die Schwierigkeiten zur Formulierung eines Beschlusses im UNO-Sicherheitsrat waren noch nicht ausgeräumt. Wir waren auf westlicher Seite an einer möglichst raschen Entscheidung interessiert, kamen aber nicht so zügig voran wie gehofft.

Ungeklärt war nach wie vor die Frage, wie Rußland in eine Nato-geführte Kommandostruktur der Internationalen Friedenstruppe eingebunden werden konnte. Vielfältige Kontakte auf allen politischen, diplomatischen und auch militärischen Kanälen hatten noch zu keinem Ergebnis geführt. Da in den Forderungen der G8 ausdrücklich von zivilen und militärischen Sicherheitspräsenzen die Rede war, sollte eine Verständigung über die Aufgabenbereiche der internationalen Friedenstruppe leichter fallen als eine Verständigung darüber, wer im zivilen Bereich die Führung übernehmen sollte: die Vereinten Nationen oder die Europäische Union? Bei den Verhandlungen über das militärisch-technische Abkommen ging es darum, den Abzug der jugoslawischen Sicherheitskräfte zeitlich und räumlich so eng mit dem Einrücken der internationalen Friedenstruppe zu verbinden, daß kein Sicherheitsvakuum entstand und damit kein Raum für Rache- und Vergeltungsaktionen. Zwar hatte Jugoslawien durch die Annahme der Forderungen und Prinzipien der G8 der Stationierung einer internationalen Sicherheitspräsenz zugestimmt – und damit lagen die völkerrechtlichen Voraussetzungen für den Einsatz eigentlich vor. Wegen der Kooperation mit Rußland und mit Blick auf seine künftige Beteiligung im Kosovo hielten wir aber an dem Ziel einer Sicherheitsrats-Resolution nach Kapitel VII der UN-Charta fest.

8. JUNI 1999

In der Nacht waren praktisch keine Luftangriffe mehr geflogen worden. Zwar gingen die Kämpfe innerhalb des Kosovo immer noch weiter, aber angesichts der vielfältigen internationalen Kontakte und im unmittelbaren Vorfeld einer Befassung des Weltsicherheitsrats war damit ein klares Signal verbunden, daß die NATO-Staaten alle politischen Voraussetzungen für einen UN-Beschluß schaffen wollten, ohne die Fähigkeit zu weiterem Eingreifen im äußersten Falle, dem Scheitern der politischen Bemühungen nämlich, aufzugeben. General von Kirchbach, der Generalinspekteur der Bundeswehr, sagte dies am Nachmittag öffentlich und löste damit in Brüssel eine gewisse Aufregung aus.

Am späten Nachmittag erhielt ich den Entwurf der UN-Resolution. Ich war gerade beim Bundeskanzler gewesen und nahm an der Sitzung des Verteidigungsausschusses teil. Ein wenig unbefriedigend war, daß ich manche Fragen noch nicht vollständig beantworten konnte, aber das war der unklaren internationalen Situation geschuldet. Spekulieren wollte ich nicht, auch in vertraulichen oder geheimen Sitzungen nicht. Der Entwurf der Resolution jedenfalls signalisierte, daß die Meinungsverschiedenheiten geringer wurden.

Wir erwarteten, daß am 9. Juni das militärisch-technische Abkommen unterschrieben werden könnte. Wie sich herausstellen sollte, täuschten wir uns.

In den Fraktionen gab es, völlig unabhängig von den Parteien, viele, die einem Mandat zum Einsatz der Bundeswehr erst nach einem Beschluß des Weltsicherheitsrats zustimmen wollten. Ich konnte diese Haltung gut verstehen, aber nicht nachvollziehen, daß einige damit auch das Risiko einer Verzögerung des möglichen Einsatzes über das kommende Wochenende hinaus eingehen wollten, wenn die UN-Beschlüsse erst am darauffolgenden Freitag gefaßt werden sollten. Es wäre eine außenpolitische Blamage gewesen, wenn die deutsche Beteiligung deshalb verspätet gekommen wäre.

9. JUNI 1999

Nachmittags hatte der Nato-Rat die Internationale Friedenstruppe KFOR gebilligt. Gleichzeitig wurden die Kosovo-Albaner und insbesondere die UÇK aufgefordert, im Zusammenhang mit dem Abzug der serbischen Truppen Zurückhaltung zu üben und ebenfalls alle Kampfhandlungen einzustellen. Außerdem wollte man offiziell ankündigen, daß die Luftangriffe ausgesetzt würden, und damit die Beratung des Weltsicherheitsrats ermöglichen.

Die Sitzung des Verteidigungsausschusses mußte mehrfach verschoben werden. Die Beratung begann dann am späten Nachmittag in der Ungewißheit, ob die Beratungen des Weltsicherheitsrats zu einem positiven Ergebnis führen würden und wann dieses Ergebnis vorliegen könnte. Sicherheitshalber hatten wir das Kabinett für den morgigen Freitag um acht Uhr eingeladen. Ich berichtete dem Verteidigungsausschuß die gesamten Hergänge einschließlich der Entscheidungen des Nato-Rates sowie über das militärisch-technische Abkommen. Staatsminister Ludger Volmer vom Auswärtigen Amt erläuterte noch einmal kurz, daß China die Aufnahme eines einzigen Satzes in die Resolution des Weltsicherheitsrats erreichen wolle. Dieser Satz sollte die besondere Rolle der UNO bei der Beilegung internationaler Krisen hervorheben und war deshalb ohne jeden Zweifel für alle zustimmungsfähig. Während der Verteidigungsausschuß die Einzelheiten des militärisch-technischen Abkommens debattierte, versuchte ich, eine Nachricht aus New York zu bekommen. Endlich kam sie, der Weltsicherheitsrat der UNO hatte die vorgeschlagene Resolution bei Enthaltung Chinas beschlossen. Wir hatten jetzt eine Grundlage, am anderen Tag nach der Kabinettssitzung Fraktionssitzungen abzuhalten, noch einmal die Ausschüsse zur formellen Beschlußfassung zusammenzurufen und dann im Deutschen Bundestag zu entscheiden.

Am Abend des 9. Juni war dann endlich das militärisch-technische Abkommen unterschrieben und auch von der Nato gebilligt. Javier Solana sagte ausdrücklich, daß die Nato ihre Luftangriffe suspendieren werde, sobald nachprüfbar der Waffenstillstand eingehalten und der Abzug der serbischen Kräfte begonnen worden sei. Parallel dazu wurde der Nato-Oberbefehlshaber angewiesen, keine Angriffe mehr durchzuführen, sondern nur noch Aufklärungsflüge.

Kräfte der Bundesrepublik Jugoslawien - Rückzug in Phasen

Festgelegte Routen und Sammlungsräume

Montenegro

Serbien

Makedonien

Albanien

SKOPJE

PRIŠTINA

Kumanovo · Gnjilane · Uroševac · Kacanik · Tetovo · Prizren · Dragas · Dakovica · Morina · Peć · Mitrovica · Leposavic · Kursumlija · Bodujevo

I · II · III

EIF (entry into force: Zeitpunkt der Signatur des Abkommens):
sofortige Einstellung aller Feindseligkeiten

EIF + 1 (2) Tag
Kräfte der Bundesrepublik Jugoslawien haben Feinseligkeiten eingestellt und **Zone III** geräumt
NATO setzt nach Verifikation des Abzugs Luftschläge aus

EIF + 3 (5) Tage
Alle Kräfte der Bundesrepublik Jugoslawien haben **Zone I** geräumt
Verbindungskommandos zum Kommandeur KFOR in Priština sind eingerichtet

EIF + 5 (7) Tage
Alle Kräfte der Bundesrepublik Jugoslawien haben **Zone II** geräumt

EIF + 7 (11) Tage
Alle Kräfte der Bundesrepublik Jugoslawien haben **Zone III** und die **25 km Sicherheitszone** geräumt;
die FRY-Kommandeure bestätigen schriftlich den Abschluss des Abzugs

10. JUNI 1999

Am Vormittag erhalte ich eine Information, wonach die Verhandlungen mit Rußland über die Beteiligung an der internationalen Friedenstruppe immer noch stocken; Rußland will offenbar eine eigene Kommandostruktur und einen eigenen Sektor im Kosovo. Da schlummern noch Probleme! Erfreulich: Die Aufklärungsflüge haben ergeben, daß ein Drittel der serbischen Soldaten die Zone III im Norden des Kosovo wie vereinbart verlassen hat. Das Einrücken der internationalen Friedenstruppe soll am 12. Juni beginnen. Bis dahin werden wir einen Beschluß des Deutschen Bundestags haben. Daß wir unsere Soldaten innerhalb Makedoniens an die albanische Grenze verlegen, stellt sich als richtig heraus. Einige werden mit den Briten und Amerikanern und den anderen über Skopje nach Priština marschieren, andere nehmen die lange und beschwerliche Gebirgsroute über Albanien nach Prizren, um von beiden Seiten und rechtzeitig den eigenen Verantwortungsbereich einzunehmen.

11. JUNI 1999

Der Deutsche Bundestag erteilte das Mandat zur Beteiligung der Bundeswehr. Mir kam es in der Debatte auf drei Gedanken an, und ich sagte vor dem Parlament:

»Es ist ein Krieg zu Ende gegangen, der gegen europäische Werte und gegen die europäische Zivilisation geführt worden ist, und zwar über lange Zeit, vier Mal auf dem

Balkan und auch im Kosovo. Es ist ein Krieg zu Ende gegangen, der die Chance beinhaltet, Menschenrechte und Menschenwürde sowie die Bedingungen, die man dafür braucht, wirklich zu sichern. Es ist ein Krieg zu Ende gegangen, der mit Sicherheit (...) das Kosovo von seiner albanisch-stämmigen Bevölkerung ebenso entleert wie alle Nachbarstaaten destabilisiert hätte. Es entsprach also nicht nur unseren Wertvorstellungen, sondern auch unserem Interesse, diese Entwicklung endgültig und dauerhaft zu stoppen. Wir haben das geschafft.«

Ich sagte weiter:

»Es ist wahr, wir können auf ein erzieltes Ergebnis in einem gewissen Umfang stolz sein. Aber jedes Triumphgefühl verbietet sich. Es ist wahr, wir können erleichtert sein, daß wir ein Ziel erreicht haben, (...) nämlich den Menschen im Kosovo ein sicheres Leben unter demokratischen Umständen zu erleichtern und zu garantieren. Aber es ist auch wahr, daß die Freude darüber nicht ungeteilt ist. Wir haben auch unausweichlich Leid zugefügt, zum Beispiel vielen Zivilisten in Serbien. Folglich mischt sich in unsere guten Gefühle von Stolz und Erleichterung natürlich auch Trauer.«

Und schließlich war mir ein dritter Gedanke wichtig, für den ich Ivo Andrić und seinen »Brief aus dem Jahre 1920« in Anspruch nahm:

»Vielleicht sollte man in Bosnien – also auf dem Balkan – die Menschen warnen, sich auf Schritt und Tritt, bei jedem Gedanken und bei jedem, selbst dem erhabensten Gefühl, vor dem Haß, dem angeborenen, unbewußten, endemischen Haß zu hüten. Denn in diesem rückständigen, armen Land, in dem vier verschiedene Glaubensbekenntnisse zusammengepfercht leben, braucht es viermal mehr Liebe, gegenseitiges Verständnis und Verträglichkeit als in anderen Ländern. (...) Aber wann wird diese Zeit kommen, und wer wird stark genug sein, dies alles auszuführen? Einmal wird der Tag kommen, ich glaube daran.«

13. JUNI 1999

Unsere Soldaten sind mit unseren Verbündeten im Kosovo als Befreier empfangen worden. Jubel, Blumen, lautstarke Begeisterung – natürlich sind das starke Eindrücke. Nichts davon darf über die schweren Aufgaben und enormen Risiken hinwegtäuschen, die vor uns liegen.

Sprengfallen und Minen, Hinterhalte und Heckenschützen sind die Gefahren, mit denen die Soldaten, aber auch die Bevölkerung im Kosovo nun täglich konfrontiert sind. Zwischen Serben und Kosovaren herrschen Rachsucht und Vergeltung. Die Infrastruktur ist stark beschädigt, rund fünfhundert Dörfer im Kosovo sind vollständig von den Serben zerstört, eine zivile Verwaltung gibt es nicht mehr; die UÇK wird natürlich versuchen, das Vakuum der Übergangzeit zu nutzen und ihre Position zu festigen, politisch und militärisch.

Wir hielten engen Kontakt mit den Kommandeuren vor Ort. Die bewaffneten KFOR-Truppen sollen für Sicherheit sorgen können, aber weder die ethnischen Spannungen auflösen noch die daraus erwachsenen Gewalttaten vollständig verhindern. Die Entwaffnung der UÇK schreitet voran, verläßliche Daten aber gibt es nicht, und man muß

mal vier Meter groß, ohne Dach und Fenster, von denen nur noch verkohlte Löcher übriggeblieben waren. Ein süßlicher Geruch, mir stockte der Atem, die Übelkeit kroch in mir hoch. Vor uns lag eine verkohlte Masse. Sie bedeckte den ganzen Boden, und erst bei näherem Hinsehen konnte man erkennen, daß da noch Stoffreste waren. Aus der schwarzen Masse ragten Knochen hervor, in den Ecken des Raumes deutlich stärker als unmittelbar zu meinen Füßen. 25 oder 30 Menschen waren in diesen Raum getrieben worden, man hatte sie mit Maschinenpistolen ermordet. Eine britische Gerichtsmedizinerin erklärte uns an den Resten eines Skeletts, daß es sich um ein 14jähriges Mädchen gehandelt haben müsse, was sich aus dem Aufbau des Skeletts eindeutig analysieren lasse. Ich konnte nicht mehr, drehte mich wortlos weg und ging. Auf dem Weg zum Hubschrauber kam ich an einem Haus vorbei, dort stand eine verhärmte Frau mit drei kleinen Kindern. Sie weinten. Ich nahm das Mädchen in den Arm und versuchte wortlos zu trösten. Schweigend, völlig in mich gekehrt, ging ich zum Hubschrauber zurück.

In Prizren saßen mir Vertreter der Hilfsorganisationen und mehrere Kosovo-Albaner gegenüber. Einer sprach mich auf Kontakte zu einer deutschen Firma an, die hier früher Wein gekauft und in Deutschland mit großem Erfolg vermarktet hatte, ein anderer wollte etwas über den Transport von Baumaterial wissen, und ein dritter fragte nach Hilfe beim Aufbau des Telefonnetzes. Der katholische Bischof bat um Hilfe für alle Bevölkerungsgruppen. Soldaten der Bundeswehr berichteten vom Aufbau von Feldküchen, von denen pro Tag 10 000 Essen ausgegeben wurden. Wieder ein anderer bat um Hilfe für Schulen und bei der Ausbildung der Kinder, der nächste

für vergewaltigte Frauen. Noch einer bat um Unterstüt-
zung beim Entminen von Gebäuden, und ein anderer
schilderte, daß man in Tierkadavern und Kassettenrecor-
dern Sprengfallen entdeckt habe.
Wie soll man das alles bewältigen, daneben noch ein
Gefängnis für Mörder, Kriegsverbrecher und Plünderer
betreiben und die Müllabfuhr in Gang bringen und Bau-
genehmigungen erteilen?

30. JUNI 1999

In den Sitzungen der Bundesregierung und des Verteidigungsausschusses berichtete ich über die politische Entwicklung und darüber, daß der politische, wirtschaftliche
und öffentliche Druck auf Milošević zunimmt.

Hoffentlich ist er bald weg und in Den Haag vor dem
Kriegsverbrechertribunal! Die Opposition hat allerdings
keine gemeinsame Strategie, ist zersplittert, und ob sie es
schafft, ihre Kräfte zu bündeln, halte ich für fraglich.

In Jugoslawien war am 26. Juni das Kriegsrecht aufgehoben worden. Die Lage im Kosovo blieb unsicher und
gefährlich. Rache und Vergeltung, Plündern und Morden
waren noch nicht einzudämmen. Die Vertriebenen kehr-
ten schon in großer Zahl und sehr schnell zurück. Die
Entdeckung von Massengräbern und schwersten Verbrechen gegen die Menschlichkeit überbot alles, was wir uns
während der Luftangriffe hatten vorstellen können.
Angesichts all dieser Herausforderungen erschienen

mir die politischen Probleme bei der praktischen Umsetzung der politischen Beschlüsse über die internationale Friedenstruppe klein: Russische Soldaten waren schnell zum Flughafen in Priština vorgestoßen. Wir wußten das aus der Luftaufklärung, der KFOR-Kommandeur unternahm aber nichts, um keine gefährliche Eskalation eintreten zu lassen.

Ende Juni erschien ein erstes Vorauskommando mit russischen Soldaten vor dem deutschen KFOR–Hauptquartier in Prižren. Ab jetzt würden russische Soldaten auch in dem von Deutschland geführten Verantwortungsbereich im Kosovo ihren Dienst in der Nato-geführten, internationalen Friedenstruppe leisten – ein großer politischer Fortschritt.

Vorausgegangen war dieser Entwicklung jedoch eine sehr kritische Phase. Nachdem in Moskau die Gespräche über die räumliche Aufteilung der gemeinsamen Verantwortung im Kosovo und über die Integration russischer Soldaten in die internationale Friedenstruppe festgefahren waren, hatte mich Bill Cohen angerufen. Wir erörterten die Lage. Danach entsandte ich General Kujat, der mich zuvor schon nach Moskau begleitet hatte und auch aus seiner früheren Tätigkeit bei der Nato internationale Erfahrung mitbrachte, am 14. und 15. Juni 1999 in die russische Hauptstadt. Nach intensiven Gesprächen eröffneten sich Möglichieiten zu einer Lösung der Probleme: Rußland würde in die Nato-Strukturen integriert werden; eine klare Führungsstruktur im Kosovo ohne räumliche Teilung der Provinz und eine Beteiligung Rußlands an der internationalen Friedenstruppe waren grundsätzlich erreichbar. Über viele andere, durchaus wesentliche Fragen, wie die Stärke der russischen Beteiligung und deren

Art mußten noch Vereinbarungen gefunden werden. Das gelang schließlich mit einiger Mühe in den späteren Verhandlungen zwischen den amerikanischen und russischen Außen- und Verteidigungsministern in Helsinki.

22. JULI 1999

Im Verteidigungsministerium hatten wir die Lage im Kosovo erörtert und dabei auch die Hilfen besprochen, die man für den zivilen Aufbau zur Verfügung stellen konnte. Mittlerweile lag uns eine Bilanz über die Zerstörung von Häusern im deutschen Verantwortungsbereich des Kosovo vor. 36 Prozent aller Häuser waren zerstört, 32 Prozent wiesen sehr starke Schäden auf, weitere 14 Prozent hatten mittlere Schäden wie zum Beispiel ein zerstörtes Dach, fehlende Fenster und Türen. Nur bei acht Prozent der Häuser waren geringe Schäden festzustellen. Die Bundeswehr begann deshalb als Hilfe zur Selbsthilfe in mehreren Orten des deutschen Verantwortungsbereichs Bauhöfe einzurichten und den Kosovo-Albanern bei der Wiederherstellung ihrer Häuser mit Material zu helfen. Gleichzeitig wurden Hilfsmaßnahmen organisiert, um Krankenhäuser in Prižren oder Malisevo wieder in Betrieb zu nehmen. Die Kapazität der Feldküchen reichte mittlerweile aus, um mehr als zehntausend Menschen zu versorgen. In den nächsten Wochen wollten wir diese Versorgung auf Bergdörfer konzentrieren, die im Winter sehr schnell abgeschnitten sein würden, und auf die Kinder in den wieder hergerichteten Schulen.

30. JULI 1999

In Sarajevo treffen sich die Staats- und Regierungschefs vieler Nationen. Der Stabilitätspakt ist auf einem guten Weg. Allerdings: Mord und Vertreibung hatten aufgehört. Die Gewalt ist eingedämmt, aber nicht völlig beendet, und der Weg zum Frieden wird lang und schwer.

2. SEPTEMBER 1999

In der Nacht zurück in Berlin: Ich habe die Bundeswehr in Prizren besucht. Wie umsichtig und engagiert dort Frauen und Männer ihren Dienst leisten, verdient jede Anerkennung. Sie leben in engen Zelten oder anderen behelfsmäßigen Unterkünften, sichern die Stadt und ihre Menschen, kontrollieren die Grenze, betreiben Bauhöfe, verteilen Essen an Schulkinder und an notleidende Menschen, bringen Strom- und Wasserversorgung für die Bewohner in Gang, betreuen Krankenhäuser, schützen Häuser und Kulturdenkmäler, betreiben ein Gefängnis für Kriegsverbrecher, Mörder, Plünderer ... Die Liste der Aufgaben ist lang: dürre Worte angesichts großartiger Leistungen.

Ich komme ohne vorherige Ankündigung zum ersten Mal in die Stadt: viele Menschen sind auf den Straßen, ein begeisterter Empfang. Bin bewußt zuerst in die ehemalige serbische Klosterschule, die heute serbische Flüchtlinge beherbergt; war dann in der Moschee und in der ortho-

doxen Kathedrale. Habe mit den Priestern, auf dem Weg
auch mit dem katholischen Bischof, und mit dem Mufti
gesprochen und die besondere Verantwortung der Reli-
gionsgemeinschaften für die friedliche Entwicklung des
Kosovo betont. Ob das verstanden wird? Ich fürchte: nein
oder zuwenig. Hier, im Bildungs- und Erziehungswesen,
im Wirken von Religionsgemeinschaften und anderen
Meinungsführern, wird der Boden bereitet – oder wieder
zerstört – für ein friedliches Zusammenleben.

Am Nachmittag in Prižren: Nach den Gesprächen unter
anderem mit Franco, als Vertreter der Europäischen Uni-
on, und Bernard Kouchner, als Leiter von UNMiK, mit
Ibrahim Rugova oder Čeku, dem »Generalstabschef« der
UÇK, herrschen zwei Eindrücke vor. So engagiert, flexi-
bel und sachkundig, wie Kouchner und Franco sind, soll-
ten die internationalen Institutionen ihre Aufgabe erfül-
len können. Aber der Aufbau von ziviler Verwaltung,
Justiz und Polizei geht viel zu langsam voran. Wir müs-
sen schneller handeln, sonst entsteht ein Vakuum, in dem
sich die alten Strukturen und Verhaltensweisen von
Macht, Einfluß und auch Gewalt neu verfestigen. Wenn
richtig ist, daß es hier auf dem Balkan nicht Recht oder
Unrecht, sondern nur Stärke oder Schwäche gibt, dann
muß internationale Stärke rasch und konsequent aufge-
baut und durchgehalten werden, weil sich sonst Recht
nicht entwickeln kann. Außerdem: Bei der Demilitarisie-
rung der UÇK muß eine Perspektive für ihre Angehöri-
gen entwickelt werden. 70 Prozent der UÇK-Mitglieder
sind unter 30 Jahre alt; ein Drittel von ihnen beherrschen
fremde Sprachen, vor allem Deutsch und Englisch. Vor-
bildung und Berufstätigkeit der UÇK-Angehörigen, die
ich Informationen von KFOR und UNMiK entnehme, bie-

ten also durchaus Chancen für zivile Berufe und für Mitarbeit beim Wiederaufbau des Kosovo. Habe die UÇK-Vertreter darauf und auf entsprechende Angebote hingewiesen, beispielsweise aus Deutschland. Vom 19. September an soll die UÇK die schweren und automatischen Waffen abgeben, in diesen Tagen wird sich viel entscheiden.

Wir haben eine entscheidende erste Etappe erfolgreich bewältigt; politisch, militärisch und humanitär, aber Frieden haben wir noch lange nicht erreicht.

Über die Lehren
aus dem Kosovo-Konflikt

Welche Lehren lassen sich aus dem Kosovo-Konflikt ziehen? Was bedeuten die Erfahrungen der letzten Monate für alle Ebenen der internationalen Politik? War das politische und diplomatische Vorgehen der internationalen Staatengemeinschaft vor Beginn der Luftangriffe ausreichend? Führten die militärischen Operationen zum gewünschten politischen Ziel? Waren politische Aktivitäten und militärische Operationen genügend aufeinander abgestimmt? Wie beeinflußten die politischen Ziele die Vorgaben und Auflagen für das militärische Vorgehen selbst?

Das Milošević-Regime betrieb die ethnische Säuberung des Kosovo und – wenn man so will – seine Serbisierung. Dieses Ziel hat die Belgrader Führung nicht erreicht. Im Sommer 1999 war Jugoslawien politisch völlig isoliert, die Nato hatte an seinen Grenzen eine ausreichend große militärische Fähigkeit aufgebaut, und die Luftangriffe drohten die wirtschaftliche Basis Jugoslawiens dauerhaft zu schädigen.

Die internationale Gemeinschaft entschloß sich zum Handeln, nachdem in der Zeit von Februar bis Oktober 1998 weit mehr als 250000 Kosovo-Albaner von jugoslawischen Streitkräften, der Sonderpolizei und den anderen jugoslawischen Sicherheitskräften vertrieben oder wegen der Kämpfe mit der UÇK geflohen waren.

Zunächst verfolgte die internationale Gemeinschaft das Ziel, den Konflikt und seine Eskalation zu verhindern. Dabei wurden die vertrauten politischen und militärischen Maßnahmen der Krisenbewältigung eingesetzt: Eine Befassung des Weltsicherheitsrats der Vereinten Nationen, die Planung und Androhung militärischer Operationen, intensive Diplomatie, schließlich das Abkommen vom Oktober 1998 und die entsprechenden Maßnahmen zu seiner Verifikation im Kosovo.

Im Grunde genommen war die Konfliktverhinderung aber schon im Januar 1999 gescheitert: Die Serben begannen zu dieser Zeit die »Operation Hufeisen« und verfolgten systematisch ihre mörderische Strategie gegen die Kosovo-Albaner.

Die internationale Gemeinschaft reagierte zunächst mit verstärkten diplomatischen Bemühungen und der Drohung, man werde die Vertreibung beenden, notfalls mit Luftangriffen. Das Massaker von Račak diskreditierte Jugoslawien moralisch und führte zu einem engeren Zusammenwirken insbesondere in der Kontaktgruppe. Man wird das Verhalten Jugoslawiens genauer analysieren müssen, aber es sprechen sehr viele Informationen dafür, daß in Belgrad das Risiko von Luftangriffen durch die Nato als sehr gering eingeschätzt wurde. Nach meinem Urteil hat die sehr früh einsetzende öffentliche Diskussion über den Einsatz von Bodentruppen und die daraufhin immer wieder bekräftigten Festlegungen, Bodentruppen nicht einzusetzen, für Belgrad die falschen

Signale gesetzt. Das ist kein Plädoyer für Bodentruppen, ganz im Gegenteil. Aber das Spannungsverhältnis zwischen offener Willensbildung sowie Überzeugung von Mehrheiten in Parlamenten und Öffentlichkeit demokratischer Staaten einerseits und andererseits dem Interesse, das eigene Verhalten für einen möglichen Kontrahenten nicht in allen Einzelheiten kalkulierbar zu machen, besteht und ist vermutlich auch nicht aufzulösen.

Die Verhandlungen im Februar und März 1999 hatten wegen der jugoslawischen Verweigerungshaltung keinen Erfolg, die Vertreibung jedoch eskalierte und gefährdete zudem die Sicherheit der OSZE-Beobachter im Kosovo. Spätestens zu diesem Zeitpunkt war die Absicht, eine militärische Auseinandersetzung zu vermeiden, nicht mehr realistisch. Die Nato verfolgte seither durch ein Bündel von Zielen: eine humanitäre Katastrophe abwenden, die Destabilisierung der Nachbarländer des Kosovo verhindern, die politische Isolation von Milošević bewirken, den Flüchtlingen die Rückkehr in ein friedliches und demokratisches Kosovo ermöglichen. An der Formulierung dieser Ziele und ihrer Durchsetzung durch gemeinsame Politik wirkte Rußland, nicht zuletzt bedingt durch innenpolitische Schwierigkeiten und andere außenpolitische Interessen, nicht mehr mit.

Die Frage nach der Verwirklichung dieser Ziele beantworte ich so: Man kann sagen, daß die bisherigen Anstrengungen der internationalen Gemeinschaft zur Beendigung der Vertreibungspolitik Miloševićs und der von ihm ausgelösten humanitären Katastrophe erfolgreich waren.

Die Luftangriffe der Nato hatten Vertreibung und Flucht nicht ausgelöst, aber bis Juni 1999 auch nicht unterbinden können. Angesichts der intensiven Vertreibungspolitik des Regimes Milošević im Rahmen der »Operation Hufeisen« halte ich es zudem für äußerst fragwürdig, einen Zusammenhang zwischen den Luftangriffen der Nato und den Vertreibungswellen bis zum Juni 1999 herzustellen. Uns blieb nur, durch die intensiven Hilfsaktionen in Albanien und Makedonien den Zusammenbruch der inneren Ordnung vermeiden zu helfen und die humanitäre Katastrophe auf dem Balkan abzumildern – verhindern konnten wir die Greueltaten nicht.

Milošević und seine Politik wurden erfolgreich isoliert. In den ersten Wochen des Konflikts konnte es so aussehen, als verhalte sich Rußland wie eine Schutzmacht für Serbien, die zumindest politische Maßnahmen gegen die Nato erwägen könnte. Es ist nicht zuletzt der deutschen Außenpolitik zu verdanken, daß Rußland nach und nach wieder in die internationalen Bemühungen zur Lösung des Konflikts einbezogen werden konnte. Die Isolierung von Milošević, die Einigkeit innerhalb der Nato und die Unterstützung der Bevölkerungen und Parlamente für die militärischen Maßnahmen waren dafür entscheidend, daß Milošević schließlich die Forderungen der G8 akzeptierte.

Die Flüchtlinge können seit Mitte Juni 1999 in ihre Heimatdörfer zurückkehren. Von wirklich friedlichen und demokratischen Bedingungen für die Bevölkerung wird man noch längere Zeit nicht sprechen können. Es wird Jahre dauern, bis Angehörige aller Bevölkerungsgruppen im Kosovo friedlich miteinander leben. Die demokratische und rechtsstaatliche Basis dafür muß erst noch geschaffen werden. Sie bedürfen einer festen Grundlage und menschenwürdiger, ökonomischer und sozialer Rahmenbedingungen für das Kosovo und für den gesamten Balkan. Die Bedeutung der Bildung und Kultur, des Dialogs zwischen Religionen und Bevölkerungsgruppen, aber auch der Erziehung der Jugend sollten wir in keiner Weise unterschätzen – im Gegenteil: die Europäer, gerade die Deutschen und Franzosen, können ihre Erfahrungen langjährig praktizierter Aussöhnung und Zusammenarbeit weitergeben.

Die Idee eines Stabilitätspakts im Interesse der wirtschaftlichen Entwicklung und eine Stabilisierung des gesamten Balkans im Rahmen einer europäischen Perspektive wurde ausdrücklich in die internationalen Entscheidungen aufgenommen, so daß die Prinzipien der Schlußakte von Helsinki – regionale wirtschaftliche Kooperation, gemeinsame Sicherheit durch Abrüstung und Rüstungskontrolle, Achtung der Rechte von Menschen und Minderheiten – für den Balkan sinnvolle Anwendungen finden können.

Diese Entscheidungen machen auch deutlich, daß die internationale Gemeinschaft aus den Erfahrungen der letzten Jahre gelernt hat. In dieser Zeit hatten alle Maßnahmen zur Bewältigung der Krisen auf dem Balkan zu kurz gegriffen. Das ihnen zugrundeliegende Geflecht aus wirtschaftlichen, religiösen und nationalistischen Konfliktursachen kann nur in einer langfristigen und umfassenden präventiven Strategie aufgelöst werden.

Stabile Demokratien, florierende Marktwirtschaften und offene pluralistische Gesellschaften, in denen Grundfreiheiten und Menschenrechte beachtet werden, kann man fördern und unterstützen, nicht zuletzt durch die Perspektive einer Integration in ein demokratisches und friedliches Europa. Wachsen allerdings müssen diese Entwicklungen in den betroffenen Staaten und zwischen den verschiedenen Bevölkerungsgruppen selbst. Für den Balkan wird dabei entscheidend sein, ob das Milošević-Regime durch eine demokratische Regierung ersetzt werden kann. Momentan ist die Opposition tief zerstritten und es besteht wenig Hoffnung, daß sie ihre Kräfte gegen den Diktator in Belgrad bündeln kann. Deshalb ist ein Geflecht von Gesprächskontakten und internationalen Konferenzen unter Beteiligung der freien Gewerkschaften, politischen Institutionen und der Kirchen notwendig. Ich hoffe, daß für diese langfristige Strategie der Zusammenhalt und die Einigkeit der internationalen Staatengemeinschaft erhalten und vertieft werden kann.

Betrachtet man noch einmal rückblickend die Maßnahmen der internationalen Gemeinschaft, dann zeigt sich ein Dreiklang aus politisch-diplomatischen Initiativen, militärischen Maßnahmen und humanitärer Hilfe. Die enge Koordination dieser drei Ebenen, der Zusammenhalt innerhalb der Nato, die Fähigkeit zur Einbeziehung Rußlands und auch die nach Belgrad offengehaltenen Gesprächskanäle führten zum Erfolg. Alle drei Säulen der gemeinsamen Strategie waren voneinander abhängig, ergänzten sich gegenseitig und erwiesen sich als ausreichend tragfähig.

Zur Bilanz gehört, daß Europa alleine zur Bewältigung dieser Krise nicht in der Lage gewesen wäre. Und zu den Erfahrungen der Kriege auf dem Balkan zählt, daß präventive Politik ohne glaubwürdige sicherheitspolitische Fähigkeiten nur sehr eingeschränkt Erfolg haben kann. Es wird also Aufgabe der Europäer sein, in der Nato und durch gemeinsame Außen- und Sicherheitspolitik eine Balance zwischen präventiver Krisenbewältigung und glaubwürdigem Krisenmanagement herzustellen. Das Bild bliebe unvollständig, wenn man den USA nur Hauptlast und Hauptverantwortung für die Luftangriffe und ihre Durchführung zuweisen wollte. Auch im politisch-diplomatischen Bereich waren die amerikanischen und europäischen, insbesondere von Deutschland ausgehenden Initiativen von entscheidender Bedeutung. Die Bemühungen um ein konstruktives Mitwirken Rußlands hatten mit der Petersberger Erklärung vom 6. Mai Erfolg, die *de facto* die Umsetzung des »Fischer-Plans« bedeutete. Entscheidend war auch, daß in der Gruppe der G8 eine politische Ebene gefunden war, die Rußland und die USA einbezog und zugleich europäische Ansätze übernahm, zum Beispiel den Vorschlag des Bundeskanzlers, den finnischen Präsidenten Ahtisaari zum EU-Beauftragten zu benennen. Ahtisaari war es, der gemeinsam mit dem russischen Sonderbeauftragten Tschernomyrdin und dem stellvertretenden amerikanischen Außenminister Talbott erreichte, daß die Ansätze der G8 schließlich zum Beschluß des Weltsicherheitsrats führten. All das zeigt, daß Nato und Europäische Union, OSZE, G8 und die Vereinten Nationen ein in internationalen Konflikten bisher nicht erreichtes Maß an Zusammenarbeit und Koordination verwirklichten.

Auch in Deutschland wurde von der Bundesregierung von Anfang an Festigkeit in den militärischen Maßnahmen mit intensiven politischen Bemühungen und verläßlicher humanitärer Hilfe verbunden. Ohne die Konsequenz bei den unausweichlich gewordenen Maßnahmen, ohne den substantiellen Beitrag Deutschlands zu den militärischen Maßnahmen hätten auch die politischen Initiativen der Bundesregierung keine Aussicht auf Erfolg gehabt. Auch im eigenen Land gilt der nicht auflösbare Zusammenhang zwischen außenpolitischem Gestaltungswillen und sicherheitspolitischen Fähigkeiten. Zum ersten Mal übernimmt Deutschland neben den USA, Großbritannien, Frankreich und Italien im Kosovo führende Verantwortung für einen Sektor. Dies ist Ausdruck eines größeren außen- und sicherheitspolitischen Gewichts und zugleich Signal eines noch vor wenigen Monaten kaum vorstellbaren politischen Fortschritts.

Vor der internationalen Staatengemeinschaft liegt nun nicht nur die Aufgabe, ein friedliches und demokratisches Zusammenleben im Kosovo zu ermöglichen und Südosteuropa eine langfristige europäische Perspektive zu sichern. Auch der mühsamen, aber notwendigen Aufgabe einer Weiterentwicklung des Völkerrechts können wir uns nicht entziehen.

Als 1648 mit dem Westfälischen Frieden die entscheidenden Grundlagen für die territoriale Ordnung Europas geschaffen wurden, war diese Entwicklung auch getragen von der Idee souveräner Staaten, die ihre Angelegenheiten selbst regeln. Staaten sind bisher die Subjekte des Völkerrechts, der Mensch als Individuum nicht. Aber 1975 wurde mit der Schlußakte von Helsinki das erste internationale Dokument unterschrieben, das Menschenrechte als nicht mehr alleinige innere Angelegenheit eines Staats statuierte. Dem schlossen sich der Weltsicherheitsrat der Vereinten Nationen 1992 und das Europäische Parlament 1994 an. Jürgen Habermas schreibt am 29. April 1999 in der *Zeit* in einem bemerkenswerten Artikel: »Einschlägig sind die Tatbestände, die als ›Verbrechen gegen die Menschlichkeit‹ aus den Leitsätzen der Kriegsverbrecher-Tribunale von Nürnberg und Tokyo ins Völkerrecht eingegangen sind. Seit kurzem behandelt der Sicherheitsrat auch diese Tatbestände als ›Friedensbedrohungen‹, die unter Umständen Zwangsmaßnahmen rechtfertigen. Aber ohne Mandat des Sicherheitsrats können die Interventionsmächte in diesem Fall nur aus den *erga omnes* verpflichtenden Grundsätzen des Völkerrechts eine Ermächtigung zur Hilfeleistung ableiten.«

Ich stimme dem zu. Ein militärisches Vorgehen zur Bewahrung von menschlichen Rechten wie im Kosovo muß im Einklang stehen mit der Charta der Vereinten Nationen, mit den tragenden Prinzipien des Völkerrechts und, wie in diesem Fall, als dringende Nothilfe verstanden werden. Habermas schreibt dazu: »Der demokratische Verfassungsstaat hat die große zivilisatorische Leistung einer rechtlichen Zähmung der politischen Gewalt auf der Grundlage der Souveränität völkerrechtlich anerkannter Subjekte erreicht, während ein ›weltbürgerlicher Zustand‹ diese Unabhängigkeit des Nationalstaats zur Disposition stellt. Stößt der Universalismus der Aufklärung (und der Menschenrechte, würde ich persönlich hinzufügen) hier auf den Eigensinn einer politischen Gewalt, der unauslöschlich der Antrieb zur kollektiven Selbstbehauptung eines partikularen Gemeinwesens eingeschrieben ist? Das ist der realistische Stachel im Fleisch der Menschenrechtspolitik.«

Eine neue Balance zwischen zwei völkerrechtlichen Prinzipien, nämlich der staatlichen Souveränität und der universellen Geltung der Menschenrechte, muß erst noch erarbeitet werden. Der Konflikt um das Kosovo, das Einschreiten gegen Völkermord und schwerste Verbrechen gegen die Menschlichkeit ist hoffentlich auch der Beginn eines solchen internationalen Lernprozesses.

Anhang

ANHANG I

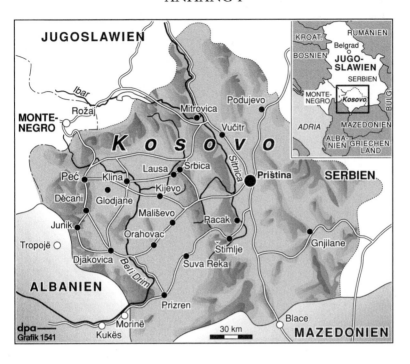

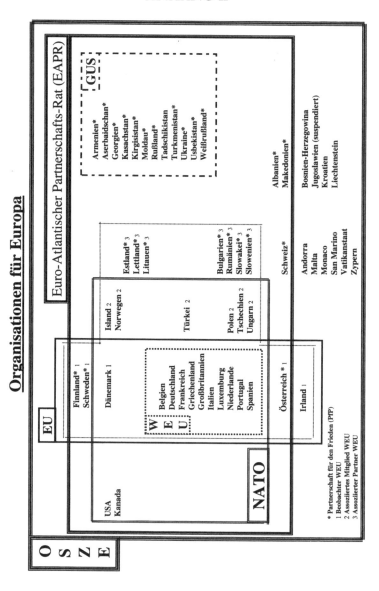

Organisationen für Europa

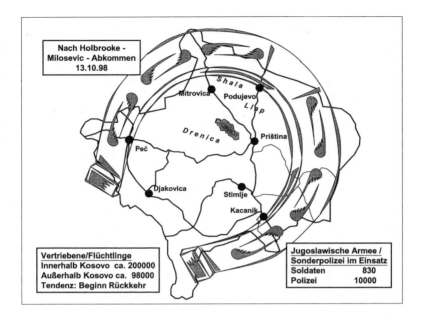

Nach Holbrooke -
Milosevic - Abkommen
13.10.98

Shala

Mitrovica Podujevo

Ljap

Drenica

Priština

Peć

Djakovica

Stimlje

Kacanik

Vertriebene/Flüchtlinge
Innerhalb Kosovo ca. 200000
Außerhalb Kosovo ca. 98000
Tendenz: Beginn Rückkehr

Jugoslawische Armee / Sonderpolizei im Einsatz	
Soldaten	830
Polizei	10000

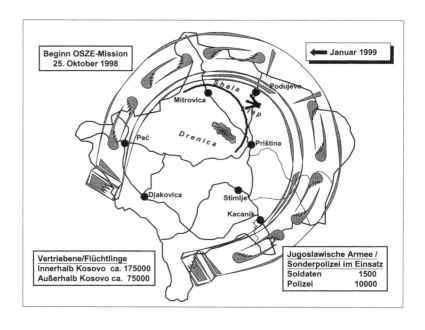

Beginn OSZE-Mission
25. Oktober 1998

◀━━ Januar 1999

Sh a l a
Podujevo
Mitrovica
ep
Peć
D r e n i c a
Priština
Djakovica
Stimlje
Kacanik

Vertriebene/Flüchtlinge
Innerhalb Kosovo ca. 175000
Außerhalb Kosovo ca. 75000

Jugoslawische Armee /
Sonderpolizei im Einsatz
Soldaten   1500
Polizei   10000

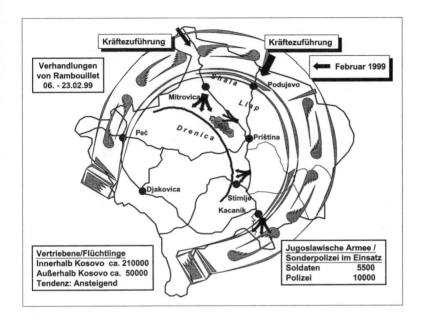

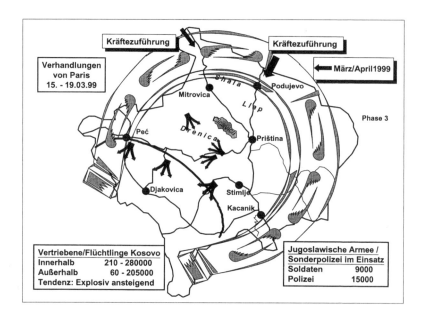

Kräftezuführung

Kräftezuführung

Verhandlungen
von Paris
15. - 19.03.99

März/April 1999

Phase 3

Mitrovica
Drenica
Peć
Priština
Šala
Ljap
Podujevo
Djakovica
Stimlje
Kacanik

Vertriebene/Flüchtlinge Kosovo	
Innerhalb	210 - 280000
Außerhalb	60 - 205000
Tendenz: Explosiv ansteigend	

Jugoslawische Armee / Sonderpolizei im Einsatz	
Soldaten	9000
Polizei	15000

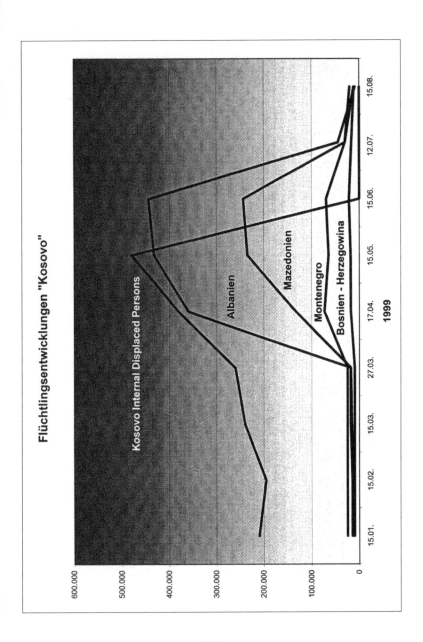

Flüchtlingsentwicklungen "Kosovo"

Chronologie der politischen Ereignisse
im Kosovo (seit 1989)

20. Februar 1989
Im Zink- und Bleiwerk von Kosovska Mitrovica beginnen 1500 Bergarbeiter einen Hungerstreik für das Festhalten an der Verfassung von 1974 und der darin garantierten Autonomie. Albanische Studenten in Priština schließen sich an. Solidaritätskundgebungen in Slowenien. Gegendemonstration einer Million Anhänger Miloševićs in Belgrad.

28. März 1989
Das serbische Parlament beschließt auf Betreiben Miloševićs die Aufhebung der Autonomie des Kosovo. Tote und verletzte Albaner bei der blutigen Bekämpfung der Demonstrationen in Priština durch die Polizei.

28. Juni 1989
»Brandrede« Milošević anläßlich des sechshundertsten Jahrestags der Schlacht auf dem Amselfeld. (»Sechshundert Jahre später, heute, sind wir wieder in Kämpfen. Sie

sind nicht bewaffnet, obgleich solche noch nicht ausgeschlossen sind.«)

5. Juli 1990
Offizielle Auflösung des Regionalparlaments von Kosovo durch die serbische Führung.

September 1990
Albanische Abgeordnete des Regionalparlaments proklamieren die »Republik Kosovo«. Ibrahim Rugova wird zum Präsidenten der Republik bestimmt.

11. Oktober 1990
Das Europäische Parlament verurteilt die Menschenrechtsverletzungen durch die Serben im Kosovo und fordert den Abzug der militärischen Kräfte.

Oktober 1991
In einem von der serbischen Regierung als illegal eingestuften Referendum entscheiden sich 99,7% der Kosovo-Albaner für die Unabhängigkeit (Wahlbeteiligung: 98%).

21. Dezember 1991
Antrag des Chefs der provisorischen Kosovo-Regierung Bujar Bukoshi an die damalige EG auf Anerkennung des Kosovo als unabhängiger und souveräner Staat.

26. Mai 1992
Die kosovo-albanischen Bewohner wählen eine Schattenregierung für das Kosovo. Zum Präsidenten der »Republik Kosovo« wird der Vorsitzende des »Demokratischen Bundes des Kosovo« (LDK), der Schriftsteller Ibrahim Rugova, gewählt.

April 1996
In Pristina erschießt ein Serbe einen albanischen Studenten; zu dem anschließenden Trauermarsch kommen mehr als 10 000 Menschen. An den folgenden Tagen werden fünf Serben erschossen. Die bislang unbekannte »Befreiungsarmee des Kosovo« (UÇK) bekennt sich zu den Anschlägen.

1997/1998
Die Gewalttätigkeiten im Kosovo nehmen zu. Die UÇK unterstreicht mit Anschlägen auf serbische Sicherheitskräfte und kosovo-albanische »Kollaborateure« ihren Willen, die Unabhängigkeit der Provinz mit Gewalt durchzusetzen.

31. Januar 1998
Die UN-Resolution 1160 fordert eine politische Lösung für das Kosovo.

22. März 1998
Bei der erneuten Wahl eines »Schattenparlaments« und eines »Schattenpräsidenten« siegen die LDK und der amtierende Präsident Rugova.

März 1998
Bei Massakern töten serbische Sonderpolizisten 87 Albaner, unter ihnen auch Frauen und Kinder, und einen der Gründer der UÇK, Adem Jashari.

April 1998
Eine übergroße Mehrheit spricht sich bei einem serbischen Referendum gegen eine internationale Vermittlung im Kosovo-Konflikt aus.

Juni bis Oktober 1998

Die UÇK kontrolliert im Juni nahezu 40 Prozent der Provinz. In einer großangelegten Offensive von »Spezialpolizei« und Jugoslawischer Volksarmee gelingt es Belgrad, die logistische Unterstützung der UÇK aus Albanien an den Grenzen abzuschneiden und die unorthodox organisierte UÇK aus allen bereits »befreiten« Gebieten zu vertreiben. Rund 300 000 Menschen werden vertrieben und zahlreiche Dörfer zerstört.

23. September 1998

Die Zahl von knapp 300 000 Flüchtlingen und Zehntausenden unter freiem Himmel lebenden Menschen führt zur Verabschiedung der UN-Resolution 1199, die eine sofortige Einstellung der Feindseligkeiten, den Abzug der serbischen »Spezialpolizei« und der Jugoslawischen Armee sowie die Wiederaufnahme konstruktiver Verhandlungsgespräche verlangt.

24. September 1998

Androhung von Nato-Luftschlägen (ACTWARN für abgestufte und begrenzte Luftangriffe).

13. Oktober 1998

Milošević vereinbart mit dem US-Sondergesandten Holbrooke unter anderem die Entsendung einer unbewaffneten OSZE-Verifikations-Mission und die unbewaffnete Luftaufklärung der Nato zur Überprüfung der Umsetzung der UN-Resolution 1199/98.

16. Oktober 1998

Beschluß des Deutschen Bundestags zur Beteiligung an den von der Nato geplanten begrenzten und in Phasen durchzuführenden Luftoperationen zur Abwendung einer humanitären Katastrophe im Kosovo-Konflikt.

25. Oktober 1998
Beschluß des ständigen Rats der OSZE zur Einrichtung der Kosovo Verification Mission (KVM).

27. Oktober 1998
Kabinettsbeschluß zum personellen und finanziellen deutschen Beitrag zur KVM.

13. November 1998
Beschluß des Deutschen Bundestags zur Beteiligung an der Nato-Luftüberwachungsmission über dem Kosovo.

19. November 1998
Beschluß des Deutschen Bundestags zur Beteiligung an möglichen Nato-Operationen (Extraction Force) zum Schutz von OSZE-Beobachtern im Kosovo.

Dezember 1998
Die Kämpfe zwischen serbischen Einheiten und der UÇK brechen wieder aus. Immer mehr Armee- und Spezialeinheiten werden ins Kosovo verlegt.

16. Januar 1999
Entdeckung von 45 ermordeten albanischen Zivilisten in Račak.

30. Januar 1999
Der Nato-Rat autorisiert den Nato-Generalsekretär zur Genehmigung von Luftschlägen gegen die Bundesrepublik Jugoslawien, falls erforderlich.

31. Januar 1999
Ergebnislose Gespräche des Nato-Generalsekretärs in Belgrad.

6. bis 23. Februar 1999
Friedensverhandlungen in Rambouillet. Abschluß mit grundsätzlicher Einigung der Parteien über den politischen Teil des Abkommens, jedoch ohne Unterschrift. Einigung auf »Implementierungskonferenz« für den 15. März 1999.

25. Februar 1999
Beschluß des Deutschen Bundestags zur Beteiligung an der militärischen Umsetzung eines Rambouillet-Abkommens für das Kosovo sowie an Nato-Operationen im Rahmen der Notfalltruppe (Extraction Force).

8. März 1999
Ergebnislose Gespräche von Außenminister Fischer in Belgrad.

18. März 1999
Unterzeichnung des Rambouillet-Friedensabkommens durch die kosovo-albanische Delegation; unveränderte Haltung der Delegation der Bundesrepublik Jugoslawien mit dem Versuch, die bisherigen Übereinkünfte wieder in Frage zu stellen. Abbruch der Verhandlungen, zugleich zunehmender Truppenaufmarsch der Serben im Kosovo und zunehmende Übergriffe serbischer Sicherheitskräfte auf die Zivilbevölkerung im Kosovo. In der Folge erhebliche Zunahme der Flüchtlingsbewegungen (laut UNHCR etwa 460 000 Flüchtlinge).

22. März 1999
Ergebnislose Verhandlungen Holbrookes mit Milošević.

24. März 1999
Beginn der Nato-Luftangriffe auf Jugoslawien.

27. März 1999
Ergebnislose Vermittlungsbemühungen des ukrainischen
Außen- und Verteidigungsministers in Belgrad.

30. März 1999
Ergebnislose Vermittlungsbemühungen des russischen
Ministerpräsidenten in Belgrad. Beginn der umfangrei-
chen Hilfeleistung der Bundeswehr (u.a. Aufbau und
Betrieb von Flüchtlingslagern, Überlassung von Materi-
al, medizinische Versorgung, Lufttransporte).

7. April 1999
Beginn der Aufnahme albanischer Flüchtlinge durch westliche Staaten. In Deutschland kommen die ersten von
zunächst 10 000 Flüchtlingen an.

13. April 1999
Serbische Truppen liefern sich Gefechte mit albanischen
Grenzsoldaten und dringen dabei auch in Albanien ein.

22. April 1999
Der russische Sonderbeauftragte Tschernomyrdin führt
ergebnislose Gespräche mit Milošević.

6. Mai 1999
Die Außenminister der sieben großen westlichen Indu-
strieländer und Rußlands legen einen Friedensplan vor.

7. Mai 1999
Beschluß des Deutschen Bundestags zur Beteiligung an der humanitären Hilfe im Zusammenhang mit dem Kosovo-Konflikt. Versehentliches Bombardement der chinesischen Botschaft in Belgrad durch die Nato.

9. Mai 1999
Der führende Unterhändler der Kosovo-Albaner Agani wird auf der Flucht ermordet.

14. Mai 1999
Der finnische Präsident Ahtisaari beginnt im Auftrag der EU mit Verhandlungen.

27. Mai 1999
Das UN-Kriegsverbrechertribunal erläßt Haftbefehl gegen Milošević.

3. Juni 1999
Das serbische Parlament billigt den Friedensplan der G8-Staaten; auch Milošević stimmt zu. Die nachfolgenden Verhandlungen über die militärische Umsetzung gestalten sich durch neue Forderungen der serbischen Seite zunächst schwierig.

10. Juni 1999
Die Nato setzt die Luftangriffe nach Unterzeichnung des Abkommens zwischen der Nato und der Bundesrepublik Jugoslawien bis auf weiteres aus. Beschluß der UN-Resolution 1244 durch den UN-Sicherheitsrat (China enthält sich der Stimme).

11. Juni 1999
Beschluß des Deutschen Bundestags zur Beteiligung an einer internationalen Sicherheitspräsenz im Kosovo zur Gewährleistung eines sicheren Umfelds für die Flüchtlingsrückkehr und zur militärischen Absicherung einer Friedensregelung für das Kosovo.

21. Juni 1999
Einrücken der ersten Bundeswehrsoldaten der KFOR-Friedenstruppe in das Kosovo.

21. Juni 1999
Nato-Generalsekretär Solana erklärt die Nato-Luftangriffe für beendet.

24. Juni 1999
Das serbische Parlament beschließt die Aufhebung des Kriegszustands.

Chronologie der politischen Ereignisse in Jugoslawien

6./8. Jahrhundert
Vom Byzantinischen Reich ausgehende Christianisierung der serbischen Stämme auf dem Balkan.

bis zum 12. Jahrhundert
Der Balkan ist fast ununterbrochen unter bulgarischer oder byzantinischer Herrschaft.

um 1171
Großfürst Stephan Nemanja begründet die serbische Einheit. Sein Sohn Stephan Prvovjenčani erhält von Papst Honorius III. die Königskrone.

14. Jahrhundert
Größte Ausdehnung Serbiens unter Stephan IV. Dušan. Er erobert Makedonien, Thessalien, Albanien und Epirus.

18. Juni 1389
In der Schlacht auf dem Amselfeld unterliegen die verbündeten Serben, Bosnier, Albaner und Bulgaren den Türken.

1521
Belgrad wird von den Osmanen erobert. Die serbische Oberschicht wird teils vernichtet, teils islamisiert. Serbien bleibt die nächsten Jahrhunderte unter osmanischer Oberhoheit.

1699/1718
Die Save-Donau-Linie wird zur Grenze zwischen den Serben unter österreichisch-ungarischer und osmanischer Herrschaft.

1804-1817
Wiederholte Aufstände gegen die osmanische Herrschaft.

1830
Die osmanische Regierung garantiert die serbische Autonomie.

1878
Als Folge des russisch-türkischen Krieges werden Montenegro und Serbien unabhängig. Österreich-Ungarn besetzt Bosnien und die Herzegowina.

1882
Milan I. aus dem Hause Obrenović wird erster serbischer König.

1912
Erster Balkankrieg: Das Osmanische Reich muß nach seiner Niederlage alle europäischen Besitzungen bis auf einen Gebietsstreifen um Konstantinopel (Istanbul) aufgeben.

28. November 1912
Albanien erklärt seine Unabhängigkeit, wird aber kurz
darauf von serbischen und montenegrinischen Truppen
besetzt.

1913
Zweiter Balkankrieg: Bulgarien greift seine bisherigen
Verbündeten an. In der Folge verliert es das nördliche
Makedonien an Serbien, die Süd-Dobrudscha an Rumä-
nien und die ägäische Küste an Griechenland.

28. Juni 1914
Ermordung des österreichischen Thronfolgers in Sarajevo durch den serbischen Nationalisten Gavrilo Princip.

1. Dezember 1918
Proklamation des »Königreiches der Serben, Kroaten und
Slowenen«.

3. Oktober 1929
Neueinteilung des Staates, von jetzt an Königreich
»Jugoslawien«.

1941
Italien erschafft Groß-Albanien unter Einbeziehung des
Kosovo, West-Makedoniens und Teilen Nord-Griechen-
lands.

6. April 1941
Beginn des deutschen Balkan-Feldzugs mit Luftangriffen
auf Belgrad.

17. April 1941
Kapitulation des jugoslawischen Oberkommandos und
deutsche Besetzung; Exilregierung in London.

1943
Nach der Kapitulation Italiens besetzen deutsche Truppen Albanien. Die Deutschen errichten ein Groß-Albani-
en, zu dem fast das gesamte Kosovo gehört. Etwa 40 000
Serben und Montenegriner werden vertrieben.

20. Oktober 1944
Die Rote Armee besetzt Belgrad. Tito wird Regierungs-
chef.

29. November 1945
Proklamation der »Föderativen Volksrepublik Jugoslawien«. Das Kosovo bekommt lediglich formale Autonomie.

1946
Proklamation der Volksrepublik Albanien in den Grenzen von 1912. Ein großer Teil des albanischen Sied-
lungsgebiets geht an Jugoslawien verloren, kleine Gebie-
te im Süden gehen an Griechenland.

1948
Jugoslawien wird aus dem Kominform (Kommunistisches
Informationsbüro) ausgeschlossen; Wirtschaftsblockade
durch den Ostblock.

1963
Umbenennung in »Sozialistische Föderative Republik
Jugoslawien«.

1974
In der neuen jugoslawischen Verfassung erhalten die zu
Serbien gehörenden Provinzen Kosovo und Vojvodina
umfassende Autonomie.

4. Mai 1980
Nach Titos Tod übernimmt ein »Staatspräsidium« die
Staatsführung.

24. April 1987
Milošević wird Vorsitzender der Partei der serbischen
Kommunisten. Klares Bekenntnis zu Nationalismus und
serbischer Vorherrschaft in Jugoslawien.

19. Februar 1991
Parlamentsbeschluß Sloweniens zum Austritt aus dem
jugoslawischen Staatsverband.

20. Februar 1991
Resolution des kroatischen Parlaments zur Auflösung
Jugoslawiens, in der Folge kriegerische Auseinandersetzungen in Kroatien. Abzug der Jugoslawischen Volksarmee (JVA) 1992.

19. Juni 1991
Kriegerische Auseinandersetzungen um Slowenien. Abzug der JVA am 26. Oktober 1991 abgeschlossen.

25. Juni 1991
Slowenien und Kroatien erklären gleichzeitig ihre Unabhängigkeit. Daraufhin kommt es zu erbitterten Kämpfen
der serbisch beherrschten Bundesarmee und serbischer
Milizen gegen kroatische Milizen.

18. September 1991
Unabhängigkeitserklärung Makedoniens.

15. Oktober 1991
Unabhängigkeitserklärung der Republik Bosnien-Herzegowina.

1. März 1992
Erste Gefechte in Sarajevo, rasche Ausweitung der Offensive der bosnischen Serben mit erheblichen Erfolgen bis Mai 1991.

6. April 1992
Proklamation der »Serbischen Republik« innerhalb der Republik Bosnien-Herzegowina.

27. April 1992
Serbien und Montenegro erklären sich zur »Bundesrepublik Jugoslawien«.

20. Juni 1992
Ausrufung des Kriegszustands in Bosnien und Kooperation der kroatischen und muslimischen Streitkräfte.

8. Juli 1992
Die KSZE setzt die Mitgliedschaft Jugoslawiens aus. Nato, KSZE und WEU beschließen die Seeblockade gegen die Bundesrepublik Jugoslawien (Operation SHARP GUARD).

18. September 1992
Hilferuf der ungarischen, muslimischen und albanischen Minderheit in Serbien an die Genfer Jugoslawienkonferenz wegen »ethnischer Säuberungen« durch die Serben.

19. Oktober 1992
Kämpfe zwischen muslimischen und kroatischen Einheiten in Bosnien (Ende im September 1993).

30. Januar 1993
Ablehnung des Vance-Owen-Friedensplans durch die bosnischen Serben.

1. September 1993
Die Bosnien-Konferenz in Genf scheitert. Der bosnische Präsident Izetbegović lehnt den Teilungsplan ab.

19. Dezember 1993
Milošević gewinnt die Präsidentschaftswahlen in Serbien.

28. Februar 1994
Nato-Kampfflugzeuge schießen vier serbische Flugzeuge in der Flugverbotszone über Bosnien ab.

18. März 1994
Bosnische Muslime und Kroaten einigen sich auf Bildung einer Föderation in Bosnien-Herzegowina.

23. Juli 1994
Im Auftrag der EU übernimmt der frühere Bremer Bürgermeister Hans Koschnick die Verwaltung der herzegowinischen Hauptstadt Mostar.

1. Mai 1995
Kroatische Offensive gegen Krajina-Serben in West-Slawonien.

29. Mai 1995
Über dreihundert UN-Soldaten als Geiseln in der Hand
bosnischer Serben.

30. Mai 1995
Bosnische Serben erklären alle internationalen Vereinbarungen (SR-Resolutionen, Nato-Ultimaten, sonstige Über-
einstimmungen) wegen angeblicher Parteinahme der UN
für die bosnische Regierung für ungültig.

25./26. Mai 1995
Nato-Luftschlag gegen Munitionsdepot in Pale.

11. Juli 1995
Eroberung der UN-Schutzzone Srebrenica, wenige Tage
später auch der Schutzzone Žepa durch die Serben.

12. September 1995
Offensive der Muslime und Kroaten in West- und Nord-
west-Bosnien führt zu umfangreichen Geländegewinnen.

4. August 1995
Kroatien startet die Offensive »Gewittersturm« zur
Rückeroberung der Krajina.

28. August 1995
Granatenangriff auf Sarajevo (37 Tote) bewirkt UN-Ulti-
matum zum Abzug der schweren serbischen Waffen aus
der Sperrzone.

30. August 1995
Beginn der Nato-Luftangriffe auf serbische Stellungen
und Einrichtungen (Operation DELIBERATE FORCE).

14. September 1995
Waffenstillstand für Sarajevo und Beginn des Abzugs der serbischen schweren Waffen als Folge der Nato-Luftangriffe.

12. Oktober 1995
Waffenstillstand für ganz Bosnien-Herzegowina.

1.-12. November 1995
Konferenz in Dayton und Paraphierung des Friedensabkommens.

12. November 1995
Verabschiedung des Grundsatzabkommens zu Ost-Slawonien (Vertrag von Erdut).

14. Dezember 1995
Die Präsidenten Bosniens, Serbiens und Kroatiens unterzeichnen den Friedensvertrag von Dayton in Paris.

20. Dezember 1995
»Transfer of Authority« von UNPROFOR an IFOR. Beginn der Operation JOINT ENDEAVOUR.

20. Dezember 1996
IFOR wird durch SFOR abgelöst. Beginn Operation JOINT GUARD.

23. Juli 1997
Milošević gewinnt die Präsidentschaftswahlen in der Bundesrepublik Jugoslawien.

20. Juni 1998
Ende der SFOR-Operation JOINT GUARD und Beginn Operation JOINT FORGE.

5. März 1999
Brčko wird neutrale Stadt mit einer gemeinsam von Serben, Kroaten und Muslime gestellten Regierung und Polizei.

Waffenstillstandsabkommen und UN-Resolutionen für den Balkan

Insgesamt 18 Waffenstillstandsabkommen im Zeitraum von Januar 1992 bis Dezember 1998

1993: 4 Waffenstillstandsabkommen

VANCE-OWEN Friedensplan

30.01. Unterzeichnung bosnische Serben und Kroaten

03.03. Unterzeichnung bosnische Regierung

25.03. Unterzeichnung bosnische Kroaten und bosnische Regierung

17.04. Abkommen UNPROFOR-Serben-Moslems über Schutzzone Srebrenica

17.06. Serben und Kroaten beschließen die Aufteilung von Bosnien-Herzegowina in drei ethnische Regionen in gemeinsamer Föderation

15.09. Kroatien und Bosnien beschließen das Ende der gegenseitigen Feindseligkeiten

1994: 9 Waffenstillstandsabkommen

09.02. Waffenstillstand für Raum Sarajevo

23.02. Waffenstillstand zwischen bosnischen Serben und Kroaten

18.03. Vertrag zwischen Muslimen und Kroaten zur Bildung einer Föderation

29.03. Waffenstillstand von Zagreb zwischen Kroaten und Serben

23.05. Abkommen über »Freedom of Movement« für Mostar

08.06. Waffenruhevereinbarung für Bosnien-Herzegowina von Genf

28.08. »Anti Sniping«-Abkommen für Raum Goražde

23.12. Waffenruhevereinbarung nach Carter-Initiative

31.12. Bosnische Serben und Muslime vereinbaren Einstellung der Feindseligkeiten

1995: 5 Waffenstillstandsabkommen

01.01. Waffenruhe in Bosnien-Herzegowina tritt in Kraft

02.01. Bosnische Kroaten schließen sich der Waffenruhe an

03.05. Kroatisch-serbischer Waffenstillstand für »Sector West«

14.09. Waffenstillstand für Sarajevo

12.10. Inkrafttreten des Waffenstillstands für ganz Bosnien-Herzegowina
DAYTON Friedensabkommen:

01.11. Unterzeichnung in Dayton

14.12. Unterzeichnung des Friedensvertrags in Paris

256

UN-Resolutionen von 1992 bis Juli 1999

Insgesamt 77 für Bosnien-Herzegowina/Bundesrepublik Jugoslawien

1992: 18 UN-Resolutionen

08.01. UN-Resolution 727: Vorbereitung der UN-Mission in Jugoslawien

21.02. UN-Resolution 743: Mandat UNPROFOR und UNCIVPOL

15.05. UN-Resolution 752: Aufforderung zu unbehinderter humanitärer Hilfe

30.05. UN-Resolution 757: Verhängung Handelsembargo gegen Serbien und Montenegro (Überwachung durch Nato/WEU-Kräfte)

08.06. UN-Resolution 758: Erweiterung UNPROFOR-Mandat (Sarajevo)

29.06. UN-Resolution 761: Erweiterung Truppenpräsenz in Sarajevo

30.06. UN-Resolution 762: Erweiterung UNPROFOR-Mandat

13.07. UN-Resolution 764: Forderung nach Öffnung des Flughafens von Sarajevo, Aufforderung zur Einhaltung des Kriegsvölkerrechts

07.08. UN-Resolution 769: Erweiterung UNPROFOR-Stärke und -Mandat

13.08. UN-Resolution 770: Aufruf zu humanitärer Hilfe

14.09. UN-Resolution 776: Erweiterung UNPROFOR-Stärke und -Mandat

06.10. UN-Resolution 779: Erweiterung UNPROFOR-Mandat

06.10. UN-Resolution 780: Sachverständigen-Kommission zur Ermittlung von Kriegsverbrechen

09.10. UN-Resolution 781: Flugverbot für militärische Flüge über Bosnien-Herzegowina

10.10. UN-Resolution 786: Erweiterung UNPROFOR-Mandat

16.11. UN-Resolution 787: Handelsembargo-Maßnahmen gegen Serbien

18.12. UN-Resolution 798: Verurteilung der systematischen Vergewaltigung

18.12. Resolution Generalversammlung 47/121: Einschränkung des Waffenembargos für Bosnien-Herzegowina

1993: 16 UN-Resolutionen

25.01. UN-Resolution 802: Aufforderung zur Einstellung der Feindseligkeiten

19.02. UN-Resolution 807: Verlängerung UNPROFOR-Mandat

30.03. UN-Resolution 815: Verlängerung UNPROFOR-Mandat

31.03. UN-Resolution 816: Durchsetzung des Flugverbots über Bosnien-Herzegowina durch Nato

16.04. UN-Resolution 819: Srebrenica wird Schutzzone

17.04. UN-Resolution 820: Androhung von Verschärfung der Sanktionen gegen Serben

06.05. UN-Resolution 824: Einrichtung von 6 Schutzzonen für muslimische Flüchtlinge (Srebrenica, Žepa, Goražde, Tužla, Sarajevo, Bihać)

25.05. UN-Resolution 827: Internationales Kriegsverbrecher-Tribunal für das frühere Jugoslawien

1994: 11 UN-Resolutionen

berungen« durch die Serben in Bosnien-Herzegowina

23.09. UN-Resolution 942: Verurteilung serbischer Nichtanerkennung Bosnien-Herzegowinas

23.09. UN-Resolution 943: Aussetzung bestimmter wirtschaftlicher Sanktionen gegen die Bundesrepublik Jugoslawien

30.09. UN-Resolution 947: Verlängerung UNPROFOR-Mandat

03.11. Resolution Generalversammlung 49/10: Einschränkung des Waffenembargos für Bosnien-Herzegowina

19.11. UN-Resolution 958: Ausweitung UNPROFOR-Unterstützung nach Kroatien

19.11. UN-Resolution 959: Verurteilung Grenzverletzung zwischen Kroatien und Bosnien-Herzegowina, Aktualisierung »Schutzzonen«-Konzept

1995: 17 UN-Resolutionen

12.01. UN-Resolution 970: Verlängerung der Sanktionssuspendierung für Serbien/Montenegro um hundert Tage

31.03. UN-Resolution 981: Beendigung UNPROFOR-Mandat in Kroatien zum 31.03.95 und Einrichtung neuer UN-Mission (UNCRO) für acht Monate

31.03. UN-Resolution 982: Verlängerung UN-Mission in Bosnien-Herzegowina (UNPROFOR) bis 30.11.95

31.03. UN-Resolution 983: Verlängerung UN-Mission in

Makedonien mit neuem Namen (UNPREDEP) bis
30.11.95

19.04. UN-Resolution 987: Sicherheit des UN-Personals in Bosnien

21.04. UN-Resolution 988: Grenzschließung Serbien/ Montenegro-Bosnien; Sanktionssuspendierung um 75 Tage bis 05.07.95

28.04. UN-Resolution 990: UNCRO-Mandat

17.05. UN-Resolution 994: Reaktion auf den verzögerten Rückzug Kroatiens aus den Entflechtungszonen

16.06. UN-Resolution 998: mögliche Verstärkung von UNPROFOR um 12 500 auf 57 370 Mann

15.07. UN-Resolution 1003: Verlängerung Sanktionssuspendierung für Serbien/Montenegro um hundert Tage

15.07. UN-Resolution 1015: Verlängerung Sanktionssuspendierung für Serbien/Montenegro um hundert Tage

22.11. UN-Resolution 1021: Phasenweise Aufhebung des Waffenembargos gegen Ex-Jugoslawien

22.11. UN-Resolution 1022: Suspendierung der Wirtschaftssanktionen gegen Rest-Jugoslawien

30.11. UN-Resolution 1025: Verlängerung UNCR-Mandat

30.11. UN-Resolution 1026: Verlängerung UNPROFOR-Mandat

15.12. UN-Resolution 1031: IFOR-Mandat; Einrichtung High Representative

21.12. UN-Resolution 1035: IPTF/UNMIBH-Mandat

1996: 4 UN-Resolutionen

15.01. UN-Resolution 1037: Mandat für UNTAES
15.01. UN-Resolution 1038: Mandatsverlängerung für Überwachung Prevlaka-Halbinsel
31.01. UN-Resolution 1043: Mandat für hundert UNMOs für Ost-Slawonien; Ende UNPROFOR
12.12. UN-Resolution 1088:Verlängerung Mandat zur Überwachung DPA

1997: 3 UN-Resolutionen

16.05. UN-Resolution 1107: Verstärkung Internationale Polizeitruppe (IPTF)
28.05. UN-Resolution 1110: Mandatsverlängerung UNPREDEP bis 30.11.98
14.07. UN-Resolution 1120: Mandatsverlängerung UNTAES bis 15.01.98

1998: 4 UN-Resolutionen

31.03. UN-Resolution 1160: Forderung nach politischer Lösung für Kosovo
21.07. UN-Resolution 1186: Mandatsverlängerung UNPREDEP
23.09. UN-Resolution 1199: Forderung nach Einstellung der Feindseligkeiten, Abzug der serbischen Sonderpolizei, Wiederaufnahme konstruktiver Verhandlungen
25.10. UN-Resolution 1203: Bestätigung OSZE-KVM

1999: 4 UN-Resolutionen bis Juli

15.01. UN-Resolution 1222: Mandatsverlängerung für Überwachung Prevlaka-Halbinsel

14.05. UN-Resolution 1239: Unterstützung der Flüchtlinge und Vertriebenen

10.06. UN-Resolution 1244: Zur politischen Lösung der Kosovo-Krise

18.06. UN-Resolution 1247: Mandatsverlängerung SFOR bis 21.06.2000

Abkürzungsverzeichnis

ACTORD	Activation Order
	Autorisierung zu Luftangriffen der Nato
ACTWARN	Activation Warning
	Androhung von Nato-Luftschlägen
BRJ	Bundesrepublik Jugoslawien
DELIBERATE FORCE	Nato-Operation in Bosnien im August 1995
DPA	Dayton Peace Agreement
	Friedensvertrag für Bosnien-Herzegowina von Dayton, November 1995
EAPC	Euro-Atlantic Partnership Council
EAPR	Euro-Atlantischer Partnerschaftsrat/ Euro-Atlantischer Kooperationsrat
ECR-Tornados	Electric Combat Reconnaissance-Tornados
	»Tornados« zur elektronischen Kampfaufklärung
EG	Europäische Gemeinschaft
EU	European Union
	Europäische Union

EXFOR	Extraction Force
	Notfalltruppe zum Schutz der OSZE-Beobachter im Kosovo
F-117	amerikanisches Kampfflugzeug
G8	Group of 8
	Gemeinschaft der 7 großen westlichen Industrieländer und Rußlands
HARM	High-Speed-Anti-Radar Missile
	Anti-Radar Lenkflugkörper
High Represen-tative	Hoher Repräsentant der Vereinten Nationen für Bosnien-Herzegowina
Human Rights Watch	amerikanische Menschenrechtsorganisation
IFOR	Implementation Force
	multinationale Nato-Friedenstruppen; vom Sicherheitsrat der Vereinten Nationen 1995 mandatierte Friedensoperation in Bosnien-Herzegowina unter Führung der Nato; Vorgängerorganisation der SFOR
International Rescue Committee	Internationale Hilfsorganisation
IPTF	International Police Task Force
	Internationale Polizeitruppe
JOINT ENDEAVOUR	IFOR-Operationen seit Dezember 1995
JOINT FORGE	SFOR-Operationen der Phase II zur Garantie des Dayton-Abkommens
JOINT GUARANTOR	Notfall-Operation der Nato zum Schutz der OSZE-Beobachter im Kosovo
JOINT GUARD	SFOR-Operationen der Phase I zur Garantie des Dayton-Abkommens
JVA	Jugoslawische Volksarmee

KFOR	Kosovo Force
	Nato-Friedenstruppe für das Kosovo
KSZE	Konferenz für Sicherheit und Zusammenarbeit in Europa, heute OSZE
KVM	Kosovo Verification Mission
	Kosovo Verifikations-Mission
LDK	Lidhja Demokratike e Kosovës
	Demokratischer Bund des Kosovo
Medica Mondiale	Organisation in Zentralbosnien für kriegstraumatisierte Frauen und Mädchen
MIG 29	Mikoyan Gurevich-Fighter
	russisches Kampfflugzeug
Nato	North Atlantic Treaty Organisation
	Nordatlantisches Sicherheitsbündnis
OECD	Organisation for Economic Cooperation & Development
	Organisation für wirtschaftliche Zusammenarbeit und Entwicklung
OSCE	Organisation for Security and Cooperation in Europe
OSZE	Organisation für Sicherheit und Zusammenarbeit in Europa
PfP	Partnership for Peace
	Partnerschaft für den Frieden
SACEUR	Supreme Allied Commander Europe
	Nato-Oberbefehlshaber in Europa
SFOR	Stabilisation Force
	vom UN-Sicherheitsrat mandatierte multinationale Friedensoperation in Bosnien unter Führung der Nato; Folgeorganisation der IFOR

SHARP GUARD	Handels- und Waffenembargo der KSZE und der WEU gegenüber dem ehemaligen Jugoslawien von Juni 1992 bis Oktober 1996
SR	Sicherheitsrat der Vereinten Nationen
START II	Strategic Arms Reduction Treaty Vertrag zur Begrenzung der strategischen Atomwaffen
UÇK	Ushtria Çlirimtase e Kosovës Befreiungsarmee des Kosovo
UNCIVPOL	United Nations Civilian Police Force Zivilpolizei der Vereinten Nationen
UNCRO	United Nations Confidence Restauration Operation in Croatia Operation der Vereinten Nationen zur Wiederherstellung des Vertrauens in Kroatien
UNFPA	United Nations Population Fund Bevölkerungsfonds der Vereinten Nationen
UNHCR	United Nations High Commissioner for Refugees Flüchtlingshilfswerk der Vereinten Nationen
UNICEF	United Nations Children's Fund Kinderhilfswerk der Vereinten Nationen
UNMIBH	United Nations Mission in Bosnia and Herzegovina Mission der Vereinten Nationen in Bosnien-Herzegowina
UNMiK	United Nations Interim Administration Mission in Kosovo

	Übergangsverwaltung der Vereinten Nationen für das Kosovo
UNMO	United Nations Military Observer
	Militärischer Beobachter der Vereinten Nationen
UNO	United Nations Organisation
	Vereinte Nationen
UNPREDEP	United Nations Preventive Deployment
	präventive Stationierung von Friedenstruppen der Vereinten Nationen in Makedonien ab Dezember 1992
UNPROFOR	United Nations Protection Force
	Friedenstruppen der Vereinten Nationen in Bosnien-Herzegowina
UNTAES	United Nations Transitional Administration in Eastern Slavonia, Barnja and Western Sirmium
	Übergangsverwaltung der Vereinten Nationen in Ostslawonien von Januar 1996 bis Januar 1998
VJ	Voeska Jugoslavia
	»Kräfte Jugoslawiens«; serbische Armee
WEAG	Western European Armaments Group
	Westeuropäische Rüstungsgruppe
WEU	Western European Union
	Westeuropäische Union

Quellennachweis